跟随利玛窦到中国

张西平　著

五洲传播出版社

图书在版编目 (CIP) 数据

跟随利玛窦到中国 / 张西平著. -- 北京：五洲传播出版社，2023.1

ISBN 978-7-5085-4980-4

Ⅰ. ①跟… Ⅱ. ①张… Ⅲ. ①利玛窦(1552-1610) – 生平事迹②中国历史 – 史料 – 明代 Ⅳ. ①B979.954.6 ②K248.06

中国版本图书馆CIP数据核字(2022)第242847号

跟随利玛窦到中国

著　　者：张西平
责任编辑：苏　谦
封面设计：田　林
出版发行：五洲传播出版社
地　　址：北京市海淀区北三环中路 31 号生产力大楼 B 座 6 层
邮　　编：100088
发行电话：010-82005927　010-82007837
网　　址：http://www.cicc.org.cn　http://www.thatsbooks.com
印　　刷：北京市房山腾龙印刷厂
版　　次：2023 年 1 月第 1 版第 1 次印刷
开　　本：787 × 1092 mm　1/16
印　　张：11
字　　数：95 千
定　　价：72.00元

目　录

绪论　中西文化交流新一页

跨越欧亚大陆的对望

中国和欧洲地处欧亚大陆的两端，白雪皑皑的帕米尔高原将中国和欧洲分开，北方的大漠千里黄沙漫无人烟，除了蒙古人的铁骑外，历史上很少有人越过。相隔就有眺望，眺望就有幻想，在漫漫的历史长河中，欧洲和中国通过时断时续的联系，相互地遥望和幻想。

中国人最早向西行的，恐怕是东汉（25—220）的甘英，他大约到了地中海的东岸。走得最远的恐怕是列班扫马（？—1294），他到过英伦三岛，去过巴黎，最后在巴格达当上了主教，把他称为中国的马可·波罗实不为过。西方人最早来到中国的恐怕是柏朗嘉宾(Joannes de Carpino，1182—1252)，60岁的他作为教皇的特使，从西欧走到中亚，一路翻高山、越大漠，总算见到了蒙古大汗，可谓不虚此行。来到中国的西方人中，最早在西方产生重大影响的是威尼斯商人马可·波罗（Marco Polo，1254—1324)。马可·波罗在中国真是风光一时，陪蒙古大汗喝酒、打猎，作为大汗的特使周游列国，据说还当过扬州的父母官。其实元代（1206—

柏朗嘉宾像

1368）来中国的西方人还有很多，比如在北京当主教的孟德高维诺（Montecorvino，1247—1328），在泉州当主教的安德烈（Andreas de Perugia，？—1332），但论影响，没有一个人超过马可·波罗。马可·波罗笔下的“契丹”实在是太富饶了，香料堆积如山，黄金遍地都是，大汗的皇宫简直比天堂还要富足。不仅

孟德高维诺像

如此，“契丹人”还那么神奇，漫长的冬夜，他们用黑色的石头来烤火，而当时欧洲人还没有发现煤可以作燃料，他们用纸张来换取任何物品，这简直不可想象，因为当时的欧洲还没有纸币。

马可·波罗给欧洲人留下了一个神奇的东方，一个和欧洲教堂里那严肃的祈祷完全不同的快乐而富饶的东方。这个东方的神话，成为漫长的中世纪里欧洲人永远谈不完的话题，激起了一代又一代欧洲人的梦想。从此后，异域的“契丹”就成了欧洲人最向往的地方。

1477年德文版《马可·波罗游记》封面

寻找“契丹”的远航

寻找“契丹”，这是西方15世纪到16世纪整整一百年航海史的灵魂。

自幼喜欢航海的哥伦布（Columbus，1451—1506）是马可·波罗的崇拜者，这个意大利热亚那人决心要找到马可·波罗讲述过的“契丹”。当时的地理学家托斯卡内里（Toscanelli）也是一个马可·波罗的崇拜者，他根据《马可·波罗游记》，给哥伦布提供了向西航行的地图。“契丹”不仅吸引着哥伦布，当时的西班牙国王也渴望着遥远的财富，他决定资助哥伦布的航行。两个人都把希望寄托在遥远的东方，西班牙国王为此还专门给了哥伦布一封致“契丹”大汗的书信。

1492年10月12日，经过30多天的航行，哥伦布的船队终于见到了陆地，这就是巴哈马群岛。在岛上他们见到了还处在原始社会后期的印第安人，男女老少都一丝不挂。哥伦布认为这可能是亚洲的边缘地区，他称之为“大印度地区”。10月28日，他们发现了古巴，哥伦布认为古巴一定是“契丹”最荒凉之地，而马可·波罗所说的香料堆积如山的“契丹”刺桐港（位于今福建省泉州市）一定会被他发现。1493年3月15日，哥伦布返回西班牙，244天的远航结束。哥伦布向人们宣布，他已经找到了“契丹”。对欧洲来说，这是一个石破天惊的消息，一时间哥伦布名扬天下。

葡萄牙地处欧洲的最西端，诗人们用“陆地到此结束，大海由此开始”来形容这个欧洲小国。当时在葡萄牙四周，南部的地中海是意大利人的传统商业势力范围，北海和波罗的海是汉萨同盟的商业势力范围，北部和东部是西班牙，西部是无边的大西洋。这样的地缘政治格局，使葡萄牙人只能向南挺进。于是，葡萄牙人驾着他们的三维帆船沿着西非海岸慢慢向前推进。在与摩尔人的斗争和海上贸易的发展中，葡萄牙的贵族们“把马匹换成船只，把盾牌盔甲换成罗经星盘，使骑手变成了船长”。

1415年，葡萄牙占领了北非重镇休达（Ceuta），夺取了伊斯兰世界的一个重要战略基地，并为以后对西非海岸的探险提供了一个活动据点。休达战役后，年轻的亨利王子（Infante D. Henrique，1394—1460）被封为葡萄牙骑士团总团长。亨利开办了一所航海学校，聘请当时最知名的航海家和地理学家研制地图，并造出了灵活坚固的卡拉维尔轻帆船。由亨利主持航海探险，是整个葡萄牙航海事业的一个转折点，“他使探险和发现成为一门艺术和科学，使远航成为全国感兴趣的与之有密切利益联系的事业”。[1]

欧洲的历史书说，北纬26度是个界限，如果跨过这一纬度，那里的海水会把人烫死，而且白人会被晒黑再也变不回白人。但亨利王子的探险队1436年驶过了博哈多尔角（Cape Bojador），他们不但没被海水烫死，而且在非洲大陆登陆，第一次见到了黑人，这是历史上白人和黑人第一次相遇。

葡萄牙人托罗缪·迪亚士（Bartolomeu Dias，约1450—1500）发现好望角，是葡萄牙航海史上的又一重要事件。当时，伊斯兰的奥斯曼帝国兴起，它中断了欧洲和亚洲的联系，亚洲的香料从此无法运到欧洲。而欧洲人吃牛肉时是必须要有香料的，不然整个生活都会索然无味。哪里有香料呢？马可·波罗说过，在“契丹”的刺桐港香料堆积如山。寻找到达亚洲的新路线，寻找刺桐港成为迪亚士的梦想。1489年，他率领船队绕过了非洲南部的好望角进入印度洋，离亚洲的距离更近了。

达·伽马像

达·伽马（Vasco da Gama，1469—1524）无疑是葡萄牙历史

上最伟大的航海家。1492年哥伦布率领西班牙船队横渡大西洋发现“西印度”（美洲）的壮举，对葡萄牙人刺激很大，“契丹”丰厚的财富绝不能让他们的对手西班牙独占。当时的葡萄牙国王曼努埃尔一世（Manuel I，1469—1521）决定派达·伽玛率领船队远航。他们沿着东非海岸线航行，在到达赞比西河口时靠岸休整，当地的黑人热情地接待了他们。他们还见到了两个头戴丝织帽的头领，这或许是郑和（1371—1433）留下的部属的后代，因为郑和离开这里不过70余年，而这里也正是郑和下西洋到达的最远的地方。

达·伽马首次远航印度时使用的帆船

1511年，葡萄牙人占领印度洋东端的马六甲，这意味着葡萄牙在印度洋海上殖民帝国的轮廓勾勒完毕，也标志着其插手太平洋海上贸易的肇始。穿过马六甲海峡，广阔的太平洋就展现在葡萄牙人面前。

如果说西班牙人在北美发现的是土地，那么葡萄牙人在远东发现的则是文明，一个高度发达的中华文明，一个比基督教文明更加悠久的文明。当葡萄牙人麦哲伦（Magellan Ferdinand，1480—1521）在西班牙国王的资助下于16世纪20年代初完成环球航行时，当16世纪后期西班牙人和葡萄牙人在中国福建海域相逢时，一个“全球”的时代开始了。

中华文明和欧洲文明在寻觅间邂逅相遇，从此开启了两百年东西文明交流、相融的伟大时代，一个欧洲和中国初恋般的美好时代。而这段深厚、美好的感情的奠基人，便是以耶稣会士为代表的来华传教士。英国科学家李约瑟（Joseph Needham，1900—1995）说得好：“在文化交流史上，看来没有一件事足以和17世纪时耶稣会传教士那样一批欧洲人入华相比，因为他们既充满了宗教热情，同时又精通那些随欧洲文艺复兴和资本主义兴起而发展起来的科学。”[2]

西儒利玛窦

自葡萄牙人16世纪中叶以晒海货名义在澳门长期驻扎下来以后，澳门就逐渐成为当时中西文化的交汇点。由于葡萄牙在整个东方拥有“护教权”，打通中国，与中国建立稳定的关系，从中获得丰厚的贸易利润，一直是葡萄牙人的梦想。

1517年，葡萄牙驻东印度总督委派皇家御医皮雷斯（Tomé Pires）访华，这是欧洲派往中国的第一个使团。1521年皮雷斯一行到达北京，但三个原因使这次访问未能完成使命：一是被葡萄牙灭亡的满剌加国的使臣到北京告发了葡萄牙人在马六甲海峡的劣迹，二是允许他们进京的明武宗（1506—1521在位）驾崩，三是当时的翻译火者亚三在北京声誉极差。结果火者亚三被处死，皮雷斯一行被打入死牢，最后生死不明，只留下他的同伴在狱中所写的几封信。

第一个来到东方的耶稣会士沙勿略在孤独中病逝于广东上川岛。

早期来到东方的西方人大都很不顺利。命运比皮雷斯稍好一些的是第一个来到东方的耶稣会士沙勿略（S. Françiscus Xaverius，1506—1552）。他先在日本传教，当时日本人问他，你们的宗教中国人知道吗？沙勿略说不知道。日本人告诉他，如果中国人都不知道，你的宗教肯定不是好的。沙勿略由此才知道中国文化在东亚的地位，从而制订下了在远东传教必须首先“归化”中国的方针。不久，他从日本来到澳门，寻找进入中国内地的机会。后来，他被一名中国渔民带到了广州附近一个叫上川岛的小岛上，岛上无一人居住。沙勿略高喊着：“岩石啊，你何时开门！”但中国的大门始终没向他敞开。在秋雨瑟瑟中，沙勿略病逝在上川岛上。

沙勿略失败了，却启发了他的后来者。1565年，耶稣会利用澳门在地理上的战略位置，在那里设立了澳门学院（College at Macao），负责管理中国和日本的传教事务。这之后，耶稣会在远东传教的负责人范利安（Alexander Valignano，1538—1606）定下了在中国传教一定要适应中国文化的“适应路线”。

第一个执行这一路线的是意大利传教士罗明坚（Michel Ruggieri，1543—1607）。罗明坚到澳门后，跟随一名中国文人学习中文。当他说着一口流利的汉语出现在广州每年对外国人开放的贸易会上时，马上引起了中国官员的注意。当地官员与他接触后，发现罗明坚温文尔雅，对中国文化也比较熟悉，这让官员们非常高兴。经过两年的交往，罗明坚被允许在当时两广总督所在地肇庆长期住下来。1583年，罗明坚来到肇庆，并在肇庆建起了中国的第一座天主教堂，当地官员王泮为其命名“仙华寺”。不久，罗明坚把自己的老乡，意大利耶稣会士利玛窦（Matteo Ricci，1552—1610）也调到了肇庆。

罗明坚为传教四处周游，他开始认识到中国是一个中央集权制的国家，如果中国皇帝不认可基督教，那是不可能有大的发展的。如何做好中国皇帝的工作呢？那只有梵蒂冈的教皇亲自出面，给中国皇帝写信，送份厚礼，传教士们才可能见到中国皇帝，并在赢得皇帝的好感后，提出他们的传教计划。为此，罗明坚返回了欧洲。哪知欧洲局势风云变幻，梵蒂冈四易教皇，罗明坚的设想一直被教廷置于脑后。最后，罗明坚老死于故乡拿波里。

罗明坚离开后，利玛窦在中国独力支撑。利玛窦做了两件大事，从此打开了基督教在中国的局面。第一，修正过去以“西僧”出现的面貌，改为“合儒易佛”。利玛窦脱去袈裟，换上儒袍，出门开始坐轿，并像中国的儒生一样，读“四书”、念《诗经》，出入于文人墨客之中。第二，进驻北京，接近明皇室。1601年，利玛窦历经千辛万苦终于进到北京，靠着进呈给万历皇帝（1573—1619在位）的自鸣钟在北京住了下来，并成了万历皇帝的门客。虽然他从来没见过皇帝，也从未参与朝中之事，但在文人中颇有影响。不仅有徐光启（1562—1633）、李之藻（1565—1630）这样的晚明重臣投于他的门下，就连李贽（1527—1602）这样的另类文人也很欣赏他的才华，处处给他以帮助。

1610年，利玛窦病逝，葬于当时北京城西的栅栏墓地。基督教从此在中国真正扎下了根。

康乾盛世西洋风

1644年，明朝灭亡。接替它统治的清王朝入关后，中国社会处于极度的动荡变化中。此时的耶稣会士广泛活跃在各种政治势力之中。在北京，德国耶稣会士汤若望（Johann Adam Schall von Bell，1592—1666）成为清顺治皇帝（1644—1661在位）的“玛法”，一时权倾朝野。在南方，毕方济（François Sambias，1582—1649）、卜弥格（Michel Boym，1612—1659）等传教士紧随南明王朝（清入关后，明皇室残余势力转往南方，在南京称帝，历时17年，史称南明），乃至南明永历皇帝的母亲、皇后、皇妃、太子都受洗加入了天主教。在四川，耶稣会士利类思（Louis Bagkio，1606—1682）、安文思

南明王太后受洗图

(Gabriel de Magalhaens，1609—1660）成为农民起义军首领张献忠(1606—1647）的“天师”。

清一统江山后，不久即发生了西洋历法和已经在中国使用多年的回回历、大统历之间的争持。正是这场“历法之争”，引起了年幼的康熙皇帝（1662—1722在位）对西洋科学的兴趣。从此，康熙演数学、学医学、绘地图、测天文，他在位的六十余年里，西方科学技术和文化在中国得到大规模的传播。其后的乾隆皇帝（1736—1795在位）继承康熙遗风，对西洋传教士一直十分赏识，宫中西洋风势头不减，西方文化以多种形式传播开来。

以耶稣会士为代表的传教士入华是中西文化交流史上的重大事件，传教士这一站在文化交流双轨线上的群体，成为中国和欧洲早期文化交流的主要中介和桥梁。正是通过他们，中国和欧洲才在精神层面上相识：西方文化第一次大规模传入中国，促成了明末清初中国思想、文化的重大变化；同时，中国文化传入欧洲，催生了欧洲18世纪的“中国热”。

如果和1840年以后的中西文化关系相比，此时的中西文化交流基本上处在一个平等的基础之上。虽然双方都是从自己的立场来理解对方、吸取对方，但从总体来说，那是两种文化间没有仇视和欺诈，没有居高临下的霸气，只有相互仰慕、相互尊重、相互学习的时代。分歧是有的，冲突也不乏激烈，但一切都集中在对文化的理解上。中国近代学者胡适（1891—1962）认为，明末清初的中西文化交流是文化间一见钟情的典范。这的确是一个精辟的概括。

这是有史以来中国和欧洲之间相处最平稳的时代，是中国文化和西方文化相互理解最为深远的时代。这一时代的中西关系为中国和欧洲留下了一份宝贵的文化遗产。

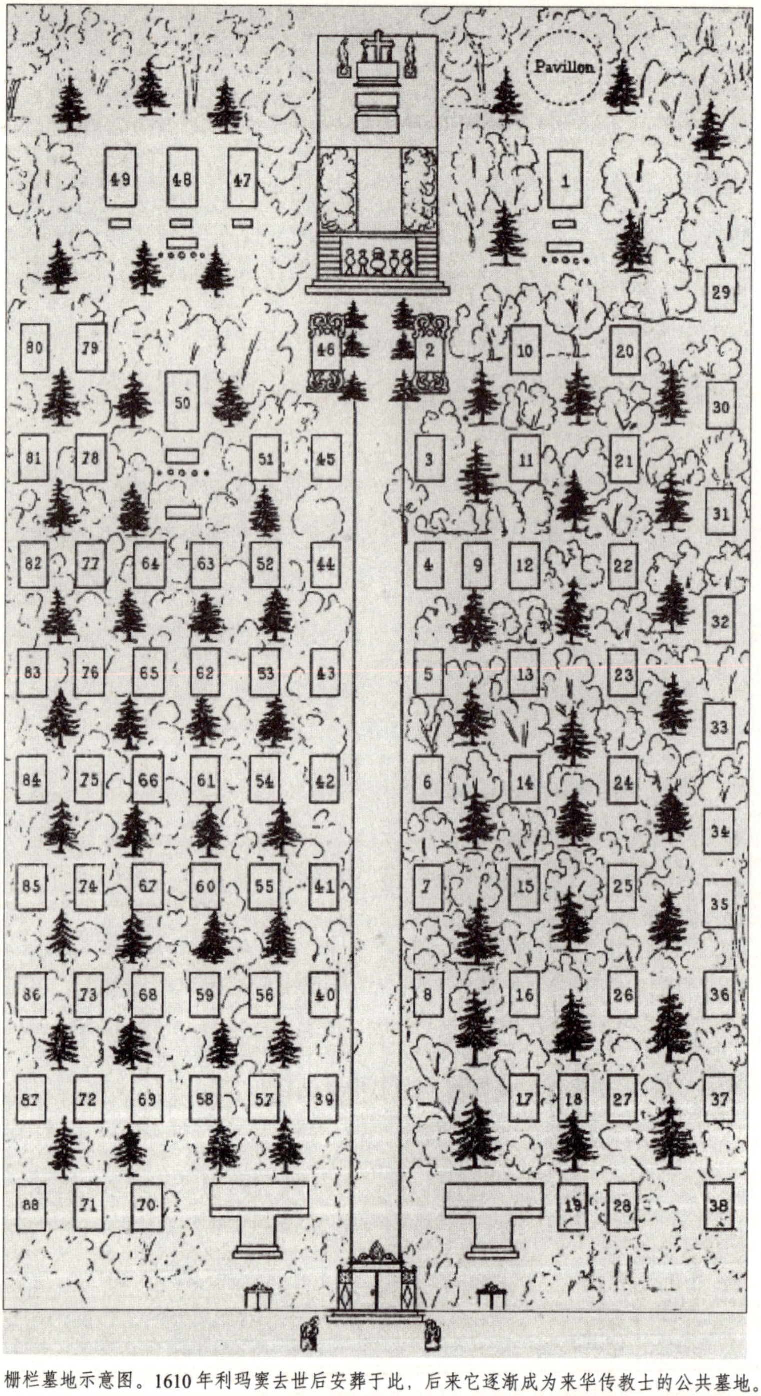

栅栏墓地示意图。1610年利玛窦去世后安葬于此，后来它逐渐成为来华传教士的公共墓地。

皇宫中的洋教士

到北京去，走进皇宫，接近中国的皇帝，这始终是来华传教士的梦想。罗明坚为此回到欧洲，想以教皇特使的名义进京；利玛窦故意将自鸣钟的运转机关握在手中，不告诉明朝的宦官们，也是想借此获得晋见万历皇帝的机会。这个梦想从汤若望开始实现了。到康熙皇帝时，欧洲传教士在清朝皇宫中已经完全站稳了脚跟。在大清帝王的身边，开始有了一批洋教士，他们或出入宫廷，作为清帝的科学顾问，或游走四海，作为帝国的外交家。他们制造西洋器械，编制天文历法，修建圆明园西洋楼，挥笔描绘清帝辉煌战绩……宫中传教士成为清朝中前期政治生活中一支不可忽视的力量。

万历皇帝的门客：利玛窦

利玛窦，这位意大利马切拉塔城（Macerata）的名门之后，1583年和罗明坚一起来到肇庆，是最早长期居住在中国内地的传教士之一。1588年罗明坚返回罗马后，利玛窦就成了耶稣会在中国的领航人。当利玛窦在他的中国朋友瞿太素的劝告下脱下僧袍，换上儒装、戴上儒冠时，他“合儒易佛”的传教路线已基本确定，同时，向北京进军也成为他在中国的战略性目标。

进入北京

利玛窦曾有过三次进京计划。1595年，利玛窦在广东韶州（今广东韶关）认识了奉诏进京的兵部侍郎石星（？—1599），石星答应带利玛窦同行入京。他们刚到达南京，就发现城中一派战争气氛，原来明朝正在和日本打仗，利玛窦只好作罢。1598年，利玛窦听说他之前结识的王忠铭升任南京礼部尚书，要到北京觐见皇帝，就向其表达了同行赴京的愿望，王忠铭一口答应下来。但当他们到达北京时，明朝军队在与朝鲜的战事中吃紧，京城气氛十分紧张，利玛窦只好坐船顺运河南下回到广东。1600年，利玛窦的朋友南京礼部给事中祝世禄（1539—1610）为利玛窦办好了再次进京的手续，并安排他乘坐押运丝绸贡品的船只进京。一路风顺舟轻，但到山东临清时，遇到了万历皇帝派下的督税太监马堂。马堂为了私利扣下了利玛窦一行，当他看到利玛窦为万历皇帝准备的贡品后，立即写了一份奏疏汇报此事。过了很长时间，有一天万历皇帝突然又想起这份奏疏，问身边的太监，那个外国人献的自鸣钟在哪里呢？当他得知贡品还在山东时，立即下旨令利玛窦伴送所携贡品进京。1601年1月24日，利玛窦以向万历皇帝进贡的远夷使者身份进入了北京。

利玛窦像

奏疏与贡品

在进京路上，利玛窦遇到漕运总督刘东星（1538—1601）和晚明大儒李卓吾（1527—1602），他们见利玛窦给皇帝的奏疏写得不够好，便亲自为利玛窦修改。因此，利玛窦最终呈上的这份奏疏辞采通达，又合规中矩。

奏疏中利玛窦自称为“臣”，说自己仰慕中华天朝，从八万里外而来，为了进京，在肇庆、南京等地学习汉语，研读中国圣贤之书。他向万历皇帝呈上了三十多种贡品，包括天帝图像、天帝母图像、天帝经、珍珠镶嵌十字架、报时自鸣钟、西琴、《万国舆图》等。利玛窦称，自己是出家之人，无子无亲，在本国时，天文地理、日晷历算都略知一二，而且感到西法也合中国古法，因此愿意为天朝效忠。

万历皇帝看到利玛窦所献的这些贡品，备觉新奇。收下礼品后，利马窦暂时留在北京，住进了会馆。

万历皇帝像

皇帝的门客

在利玛窦所送的礼品中，最令万历皇帝喜欢的是小巧玲珑的自鸣钟，他时常拿在手中把玩。后来皇后想借去玩几天，皇帝怕她不归还，就让太监将小自鸣钟的发条放松，皇后玩了几天，钟不走了，就又还给了皇帝。至于利玛窦献上的那座大自鸣钟，宫中无人会操作，万历皇帝就叫四名太监到利玛窦那里学习使用方法。当在宫中的御花园建好了钟楼，将大自鸣钟放进去后，那滴嗒滴嗒的钟声令万历皇帝格外高兴。

万历皇帝想知道欧洲宫殿的建筑样式，利玛窦的礼物中正好有一幅西班牙圣劳伦所宫的铜版画；万历皇帝想知道欧洲帝王们的葬礼礼仪，利玛窦立即将刚收到的描绘1598年西班牙国王菲利浦二世（Felipe II，1527—1598）葬礼的图画转呈上去。对利玛窦送来的那架古琴，万历也十分好奇，让利玛窦的助手庞迪我（Didace de Pantoja，1571—1604）进宫教授太监们弹琴。利玛窦专门为原来的西洋抒情曲调填上中文新词，起名《西琴八曲》。歌词典雅古朴，文采飞扬，以时间的易逝和生命的短暂来唤起人们的宗教情感。利玛窦利用一切可能的机会传播天主教，但传播之巧妙，对中国文化之熟悉，可谓无人能比。

每当太监们弹奏的琴声在宫中回荡时，万历皇帝就会想见见这个来自西洋的使臣。无奈这个中国历史上上朝最少的皇帝平时连自己的大臣都难得一见，又哪轮得上一个外国的远臣呢？万历想了个办法，让画师将利玛窦的画像送给他。看到画像上利玛窦高高的鼻梁，万历若有所思地说，这不是个回回吗？

当万历皇帝还沉浸在利玛窦所献贡物带来的乐趣中时，礼部上了一份奏疏说，这个西洋人过去从未见过，所带之物都是神仙方士的东西，这等不明之人怎能留下？万历看罢心中不悦，就把奏疏压了下来。礼部一看皇帝没有回旨，就又奏了一本，不过这次口气软了许多，劝皇帝要替利玛窦考虑，不能将他留在京师，以免他每天想家。就这样，礼部连续上了四份奏疏，但万历就是不作回应。这时，吏部给事中曹于汴上疏，奏请皇帝将利玛窦和同行的庞迪我神父留在京城。这话才正中万历下怀，虽然这份奏疏他也没批复，却让太监正式通知利玛窦可以长期住在北京，每月皇帝给他们相当于8个欧洲金币的生活费用。

从此，利玛窦成了万历皇帝的正式门客，拿着皇家的俸禄，在北京生活了下来。其主要使命就是每年进宫四次，修复自鸣钟。历史就是这样巧合，小小的自鸣钟敲响了中西文化交流的序曲，一场持续了两百年的欧洲和中国的对话就此开始了。

顺治皇帝的“玛法”：汤若望

来自德国莱茵河畔的耶稣会士汤若望，在明清鼎革之际亲眼目睹了三个政权（明、农民起义军建立的大顺政权、清）在一个月内的迅速更替。在这重大的历史关头，他沉着冷静，躲过了可能发生的危机，并成功地获得了清朝顺治皇帝的宠爱和尊敬。

汤若望为什么能如此成功？现在看来大约有这么几条原因。第一，清刚入关，脚跟未完全站稳，它需要尽可能团结各方面的力量，这从清进京后所采取的一系列政策中可以清楚地看出。特别是像天文历法这样事关全局的大事，作为新政权的清王朝是非常注重的。正如当时的汉臣范文程（1596—1666）对汤若望所说，“神父对中国历法深有研究，必知道新朝定鼎，要颁正朔于天下，现今我朝正需像神父这样的天算家为我朝制定历法。”时任摄政王的多尔衮（1612—1650）在看到钦天监所呈报的历书后说：“这种舛错百出的历书，其预测上不合天象，下不应地事。有一位叫汤若望的西洋人，曾制佳之历书，尔等从速将此人唤来。”

汤若望像

第二，在与大统历和回回历的竞争中，汤若望的西洋历获得了胜利。1644年9月1日，就日食的预测，西洋历和大统历、回回历在观象台展开了较量，结果回回历差了一个时辰，大统历差了半个时辰，只有汤若望的西洋历计算分秒不差。测试结果被上报给多尔衮，当年12月，汤若望被正式任命为钦天监监正，从此他在清王朝有了一个稳定的位置。

第三，汤若望与顺治皇帝的母亲孝庄皇太后（1613—1688）建立了良好的关系。一天，汤若望的教堂来了三位满族贵妇人，声称一位亲王的女儿生了病，特被派来神父这里询问。汤若望听她们讲述病情后，认为病不严重，就给了她们一个圣牌，说如果亲王的女儿将这个圣牌挂在胸前，四天后病就会好了。果然，第五天她们又来到汤若望这里，告诉他郡主的病已经好了。汤若望后来才知道，派她们前来的是当时的孝庄皇后，而那位生病的郡主就是未来的顺治帝皇后博尔济吉特氏。孝庄为此很感谢汤若望，并表示要做他的“义女”。后来，在顺治皇帝的大婚典礼上，汤若望见到了孝庄皇太后，皇太后取下手腕上的两只手镯送给汤若望，以作报答。在多尔衮死后，英亲王阿济格想继续做摄政王，孝庄太后委托汤若望从中周旋。汤若望亲自劝说英亲王，最终促使英亲王决定“即日上朝，倡率百官，疏请皇上亲政”。

顺治皇帝像

从此，汤若望和孝庄皇太后一直保持着良好的关系。

年轻的顺治皇帝勤奋好学，也是造就汤若望特殊地位的原因之一。顺治14岁亲政，在他看来，汤若望无疑是一位值得格外敬重的老人，不但"上知天文，下晓地理，精通历算，身怀绝技"，而且身为一名外国传教士却能熟谙中国文化。对于汤若望介绍给他的西方科学和文化，顺治感到非常新奇，就连汤若望的生活方式也使他好奇，为此他曾派人暗查汤若望的生活起居。

顺治尊称汤若望为"玛法"，即满语中"爷爷"之意。事实上，顺治和汤若望的关系，不仅是一定意义上的"祖孙"关系，更像师生关系。顺治免除了汤若望进宫的所有繁缛礼节，汤若望就座时，他把自己的貂皮褥子给汤若望当坐垫，并多次将汤若望接到宫中畅谈，甚至晚上入睡前也要让汤若望陪他谈话。一年之中，顺治竟有24次到访汤若望的教堂。

顺治帝对汤若望的信任、尊重和宠爱是中国历史上少有的，这突出表现在对汤若望的官爵加封上。顺治八年（1652），顺治在一天之内加封汤若望通议大夫、太仆寺卿、太常寺卿三个官衔，使他从原来的四品晋升为三品。顺治十年（1654）三月，因汤若望完成了《大清时宪历》，顺治特赐汤若望"通玄教师"。次年三月，汤若望希望将利玛窦墓旁的地赏予他作为将来的墓地，顺治同意。顺治十四年（1658）二月，顺治在城中巡视路经宣武门汤若望的天主堂时，赏赐亲笔所写"通玄佳境"堂额一方和御制《天主堂碑记》一篇。次年，汤若望任职到时，吏部认为他是二品官，可考虑诰赠其两代，汤若望认为自己已经是“二品顶带加一级”，希望能按一品的待遇对待，赠及三代。他的这一要求获顺治恩准，但这个诰命到康熙元年（1662）才正式颁赐。“汤若望在此一诰命中获授光禄大夫阶，其曾祖笃瑑、祖父玉函以及父亲利因亦因此被赠为光禄大夫、通政使司通政使，用二品顶带加一级，曾祖母赵氏、祖母郎氏以及母亲谢氏则均获赠为一品夫人。”[3]这样，汤若望成为在中国历史上担任官衔最高的欧洲人之一。

汤若望和顺治帝有如此密切的关系，又被加封如此高的官爵，他对顺治的影响到何种程度呢？这是一个很值得关注的问题。

由于顺治帝对汤若望的信任，当时吏部等部门对于汤若望的建议一般都会采纳。据《汤若望传》的作者德国人魏特（Alfons Vàth SJ）研究，汤若望曾多次写奏疏希望给钦天监的监生们增加薪俸。1652年，汤若望奏请将监生们的薪俸从二百零八两八钱增加到四百一十七两六钱，提高一倍，吏部照准。1655年，他又上奏吏部，认为观象台上只有4名观察人员，编制太少，他希望加到16名，经过多次协商，吏部也同意了这个意见。后来他又要求给在观象台工作的观察人员每人加件羊皮大衣，以便晚上御寒，也得到了批准。从这些材料中，不仅能看出汤若望对下属的体贴，也可以看出他在朝中的影响。

汤若望和顺治帝的关系十分特殊。顺治结婚以前，做了一件不好的事，汤若望得知后当面批评了他。顺治恼怒起来，但片刻之后，就向汤若望道歉，并希望汤若望继续对他进谏。1655年，因京城闹瘟疫，顺治较长时间住在城外，他半夜派骑兵将汤若望从教堂接到他的住处，让汤如实向他反映城中的各种情况，由此可见顺治对汤若望的信任。

正是由于顺治的信任，汤若望敢于在顺治面前直言进谏，当时在朝中敢这样说真话和对顺治有如此影响力的也只有汤若望。

1652年，一位亲王战死疆场，但他的部下却打了胜仗，按清入关前定下的规矩，二百多名部下都将被处死。汤若望大胆上疏，希望皇帝宽恕他们。顺治对这种旧规也不太满意，有了汤若望的奏疏，他便可以放心施恩，免除这些人的死罪了。1654年，顺治想归省祭祖谒陵。当时清刚入关，全国局势不稳，又逢灾荒，显然此时归省不是时机。但年轻气盛的顺治执意要去，此时，又是汤若望出面加以劝阻，最终顺治听从了“汤玛法”的意见，放弃了原定的东北之行。

顺治任性闹得最厉害的一次是在1659年。当时郑成功（1624—1662）反清大获全胜，几十万人马北伐，顺治坐不住了，他要亲自率兵往前线征讨郑成功。从大局来看，这显然是盲动的行为，但顺治性格倔强，一旦发起脾气无人可挡。当众臣劝他冷静从事，万不可冒险时，他竟拔出宝剑，劈下御座一角，声称如果谁再阻拦，他就将谁刺死。大臣们找来孝庄皇太后，仍然没有效果。在这种局面下，大家想起了汤若望，认为只有他可以劝服顺治。汤若望赶到宫中，苦心劝说，并说自己宁可粉身碎骨，也不愿放弃职守，有所见而不言，使国家陷于危险。汤若望的赤诚打动了顺治，他终于冷静下来，宣布不再率兵亲往前线。

汤若望对清朝的忠心、对顺治的关怀，使顺治深为感动。他把汤若望的奏疏编辑成册，带在身边，经常阅读。他甚至说，读了汤若望的奏疏禀帖，自己会被感动得几乎要流泪。

历史学家陈垣（1880—1971）认为，汤若望和顺治帝的关系，犹如唐朝（618—907）勇于直谏的名臣魏征（580—643）和善于纳谏的唐太宗（627—649在位）。汤若望对顺治朝的贡献，正如汤七十大寿时，文人龚鼎孳在贺文中所说，“睹时政之得失，必手疏以秘陈。于凡修身事天，展亲笃旧，恤兵勤民，用贤纳谏。下宽大之令，慎刑狱之威。磐固人心，镞厉士气，随时匡建，知无不言。”

但另一方面，虽然汤若望在对顺治皇帝的天主教教化上下了很大力气，却并不成功。这点顺治在《天主堂碑记》中说得很清楚，“夫朕所服膺者，尧、舜、周、孔之道，所讲求者，精一执中之理。至于玄笈、贝文所称《道德》、《楞严》，虽尝涉猎而旨趣茫然。况西洋之书、天主之教，朕素未览阅，焉能知其说哉？”所以，顺治对汤若望的信任和褒奖，只是从君王对一个老臣的角度，而不是对其宗教的认可。汤若望对自己的角色也很清楚，如陈垣所说，“若望本司铎，然顺治不视为司铎，而视为内廷行走之老臣，若望亦不敢以司铎自居。”

应该说，无论是顺治从统治的角度，还是汤若望从传教的角度，他们所遵守的这种君臣关系原则，给双方都带来了好处。汤若望以老臣的身份参与顺治朝的政治事务，对于帮助顺治治理国家起到了一定的作用。同时，顺治对汤若望的褒奖，也在一定程度上扩大了天主教在华的影响。

康熙皇帝的近臣：南怀仁

南怀仁（Ferdinand Verbiest，1623—1688），比利时传教士，1659年随意大利人卫匡国（Martin Martini，1614—1661）来华，入华后先和吴尔铎（Albert D'orrille，1622—1662）、李方西（Jean François Ronusi de Ferrariis，1608—1671）三人在陕西传教。后来汤若望因自己年迈，在顺治十六年（1660）向顺治皇帝推荐了南怀仁，希望允许他来钦天监协助自己工作。当年五月，南怀仁奉诏进京，开始了他在北京的生活。

南怀仁像

1688年1月，南怀仁病逝于北京，康熙皇帝十分惋惜地说：“南怀仁治理历法，效力有年。前用兵时制造军器，多有裨益。今闻病逝，深轸朕怀。”康熙专门颁旨，赐银二百两，大缎十端。在南怀仁安葬时，康熙又特意委派大臣、侍卫等人去送葬。下葬那天，八十人抬着南怀仁的灵柩和巨幅画像，以及彩绸装饰的十字圣台、康熙的御批，声势浩荡，一时间南怀仁的葬礼成为北京街头巷尾议论的大事。康熙还从国库批银七百五十两，交给传教士徐日升（Thomas Pereira，1645—1708），让他在南怀仁的墓地树碑和立石兽。随后，康熙又赐南怀仁谥号“勤敏”，南怀仁因而成为来华传教士中唯一被皇帝赐谥号者。如论传教士在清宫中的地位和对清廷政治的影响，除汤若望外，无人能比南怀仁。

为清初“历狱”翻案

顺治年间汤若望所制定的西洋历法毕竟是新法，不满的人相当多，汤若望在朝中的地位很快受到了挑战。顺治十四年（1657），因汤若望上疏而被革职的原钦天监官员吴明烜首先上疏，指责汤若望的历法不准，请求保留回回历。顺治让手下大臣登观象台验证天象，结果吴明烜以回回历所推结果有误。按清朝律法，吴明烜本应杀头，但顺治赦免了他。康熙三年（1664），对汤若望西洋新法早有不满的杨光先（1597—1669）接着发难。他几次上书礼部，指控汤若望三大罪状，一是指使历官李祖白（？—1665）所写的《天学传概》是妖书；二是所献《时宪历》中“依西洋新法”之语，有谋夺中国之意图；三是在全国各地布置党羽，图谋不轨。除大力贬斥天主教教义和新法外，杨光先还抓住荣亲王葬期择日一事，指责汤若望所择葬期极不吉利，以至连累了荣亲王之母和顺治皇帝先后去世。于是，这就成了涉及重大问题的要案。当时年幼的康熙刚刚即位，四大辅臣中的苏克沙哈和鳌拜（？—1669）对顺治生前的政策多有不满，他们利用杨光先的上诉，下令礼部、吏部会审汤若望。

此时汤若望已患偏瘫，口齿不清，主要由南怀仁来为他辩护。同时被打入狱中的还有传教士利类思、安文思，钦天监的李祖白、许之渐等人。康熙四年（1665）三月，此案作结，判决汤若望及钦天监的李祖白等七人凌迟，除南怀仁等三名传教士留京外，各地的传教士一律逐回澳门。就在判决当天，北京发生地震，接着又发生大火。京城议论纷纷，朝中不少大臣都认为这是上天的警告。已是太皇太后的孝庄了解情况后，勃然大怒，斥责四名辅政大臣不该如此对待先帝的宠臣。于是，辅政大臣们改变原判，汤若望无罪释放，李祖白等五名钦天监官员处斩，许之渐等人被罢黜，除南怀仁等四名传教士留京外，其余皆返迁广州。这便是历史上有名的清初“历狱”。至此，传教士在中国的活动跌入低谷，中西文化交流亦面临中断之危险。

康熙六年（1667），年仅14岁的康熙皇帝亲政，他对鳌拜等辅政大臣的专断早有不满，决心彻底查清“历法之争”的真相。次年十一月，康熙命内阁通知杨光先、吴明烜和南怀仁双方比试。经过三天的测试，南怀仁获得“正午日影正合所画之界”的结果，说明他预测得十分准确，而杨光先、吴明烜一方则有很多错误，被南怀仁一一指出。之后，又有二十位满汉大臣对双方的测试结果进行数天的再度测试，最后奏报康熙，“南怀仁测验，与伊所指仪器逐款皆符；吴明烜所测验逐款皆错。”[4]康熙下令将杨光先、吴明烜等人革职，并予以严惩。

康熙八年（1669）三月，清政府正式复用西洋历法，同时由南怀仁担任钦天监监正。南怀仁主持钦天监后，连续写下了《不得以辨》、《妄推吉凶辨》、《妄择辨》对杨光先进行反击。同年五月，鳌拜案发，南怀仁又控告杨光先依附鳌拜。不久，在南怀仁的请求下，当年“历狱”中受害的人都得到了平反，宣武门的南堂归还南怀仁，原押禁在广州的25名传教士也陆续被允许返回原传教区。清初“历狱”最终得到了解决。

康熙皇帝像

在中西文化交流史上，这是一个非常重要的事件。正是从清初“历狱”的彻底平反开始，历史翻开了新的一页，中西文化交流迎来了最辉煌的康熙时代，而南怀仁的历史地位也由此奠定。

扭转天主教在华局面

清初“历狱”的平反，并不等于传教士在中国就可以自由传教，当时天主教仍被看作“邪教”，属于禁止之列。南怀仁在获得了初步的胜利后，就将彻底恢复天主教地位作为其最重要的目标。他在为汤若望平反的上疏中说：“惟天主一教，即《诗经》云‘皇矣上帝，临下有赫’，为万物之宗主。在中国故明万历间，其著书立说，大要以敬天爱人为宗旨，总不外克己尽性、忠孝廉节诸大端，往往为名公卿所敬慕。世祖章皇帝数幸堂宇，赐银建造，御制碑文，门额‘通微佳境’，赐若望‘通微教师’（注：因原“通玄”的“玄”字为康熙帝名讳，而改称“通微”），若系邪教，先帝圣明，岂不严禁？”[5]南怀仁企图用汤若望在顺治时期所获得的荣誉和地位，来向年轻的康熙证明天主教不是邪教。

但此时康熙对天主教的认识刚刚开始，处理这个问题比较谨慎。康熙八年（1669）秋，大臣们上奏，说杨光先诬告天主教系邪教，但现在看奉天主教的人并无为恶乱行之处，故不应将天主教视为邪教，应让人自由供奉。康熙批复说：“其天主教除南怀仁等照常自行外，恐直隶各省复立堂入教，仍严行晓谕禁止。”这就是历史上的“康熙八年禁教令”。但康熙在执行这个决定时比较宽松，如南怀仁希望传教士到各地去，只要向他请示，他一般都会同意。

“历法之争”激起了康熙皇帝对西方科学技术的强烈兴趣，这也给南怀仁提供了接近康熙的机会。南怀仁曾两次随康熙巡视，分别到东北和西北，他利用这些机会来向康熙介绍天主教。他在著作《鞑靼旅行记》中写道：“我在这次长途远征中，获得了向许多贵戚高官传布教义的机会，使他们明白我辈的使命和欧洲精神秩序的目的和性质。而且不仅限于贵戚和高官，皇帝为了消磨旅途的寂寞，向我询问关于天文、气象上的事和我们的航海情况，我回答时便趁机加进关于天主教教义和信仰的知识……人们目睹我骑着皇帝的一匹马，看见皇帝同我讨论我们的信仰，又听到了我像在大集会上讲演一样的讲话。”

南怀仁这些颇费心机的布道，使康熙开始了解天主教，并渐渐对天主教有了较好的印象。1676年，康熙驾临耶稣会的住所慰问神父们，并赐御笔亲书的“敬天”匾额，下谕说：“朕书‘敬天’即敬‘天主’也。”安文思去世后，康熙专门派侍卫到传教士住处慰问，还拨出银两，并同意以天主教礼仪来进行安葬。

对南怀仁，康熙更是爱护有加，两人关系的密切程度远远超出了一般的君臣关系。在随同康熙外出巡视时，南怀仁的所有费用都计入皇帝的费用之中。旅行中他可以骑康熙的马，可以和康熙坐一条船，而其他大臣则无此可能。康熙还常常请南怀仁到他的帐篷去，吃饭时常把御餐分一部分给南怀仁。几位皇叔说，皇帝只要和南怀仁在一起，就会高兴。

正是在这些过程中，康熙逐渐对传教士有了更多的了解和信任。他曾说：“西洋人自南怀仁、安文思、徐日升、利类斯等，在内廷效力，俱勉公事，未尝有错，中国人多有不信，朕向深知真诚可信，即历年以来，朕细访伊之行实，一切非礼之事断不去做，岂有过错可指。”[6]他甚至通过南怀仁致信西方耶稣会：“凡擅长天文学、光学、静力学、动力学等物质科学之耶稣会士，中国无不欢迎。”康熙的这些认识，使

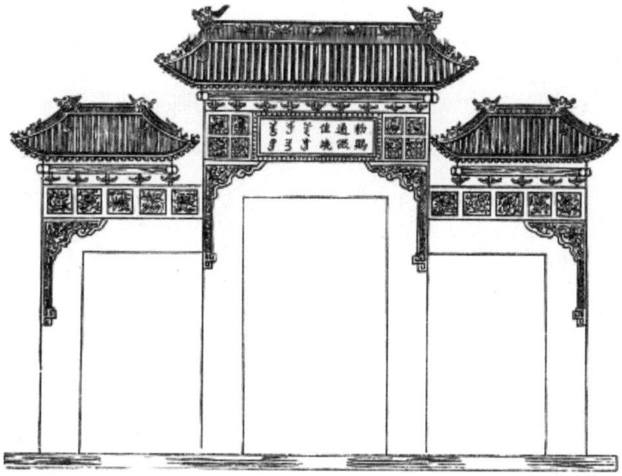

康熙时代的北京南堂（版画），匾额上为顺治皇帝亲笔题写的“通微（原字为‘玄’）佳境”。

南怀仁决定进一步促进他改变禁教政策。1679年，南怀仁引荐耶稣会士李守镰（Simon Rodrigues）进京协助他修历法，后来李守镰不但被康熙召见，康熙还给了御书“奉旨传教，准往各省宣教”。这表明康熙对天主教的态度发生了很大的变化，已经完全突破了之前的禁教令。

1687年7月，康熙下诏，天主教神父只要持有南怀仁的印鉴，就可以在全国各地自由行走，不得阻拦。虽然并未明确解除“康熙八年禁教令”，但实际上康熙已经对他的天主教政策作了根本性的调整。1692年，即南怀仁逝世四年后，康熙下达了弛禁教谕令：“西洋人治理历法，用兵之际修造兵器，效力勤劳，且天主教并无为恶乱行之处，其进香之人，应仍照常行走。”随后，康熙又下了一道谕令，进一步说明天主教不是邪教。

正是南怀仁的努力，才促使康熙最终修改了禁教令，颁布了这个容教令，从而带来了天主教在中国的大发展。正如学者们所指出的，从天主教在历法斗争中胜利到“礼仪之争”之前，这四十年是中西文化交流的黄金四十年，而它的基础是由南怀仁奠定的。[7]

大清的洋外交官

1644年清人关建立自己的政权时，葡萄牙人、西班牙人和荷兰人都已经来到中国。所以清朝从建国初始，就面临着如何处理与外部世界，尤其是与欧洲人关系的问题。从汤若望开始，在朝中的传教士就一直扮演着大清外交官的角色。凡属处理与西洋的关系，无论是顺治、康熙，还是后来的雍正（1723—1735在位）、乾隆，都会让传教士参与其中，充当他们的外交翻译和助手。传教士担负的外交官角色大体可分为三种类型：在朝中担任翻译；派出担任翻译；派到欧洲担负外交使命。

在朝中担任翻译

17世纪初荷兰人占据了爪哇岛，赶走了那里的葡萄牙人，并以之为据点向四周扩张。荷兰人看上了靠近广州的澳门，1622年竟派三艘船载着几百人去攻打澳门。结果，由于澳门防务坚固，荷兰人没有得手。

1653年，他们派出使臣到广州，拜见当时的南平王尚可喜（1604—1676）和靖南王耿继茂（？—1671）。两位藩王见使臣空手而来，完全不懂中国的规矩，就把来使训了一顿，告诉他要带表文和贡品，才能去北京。荷兰人果然第二年就带来了大批贡物。顺治十三年（1656）六月，荷兰使团到达北京。汤若望担任了这次会见荷兰使团的翻译。荷兰人也早听说在清廷中有耶稣会士，使团中的纽霍夫（Johann Nieuhof）在《荷使初访中国记》中记下他当时见到汤若望的情景："礼部尚书和一位西洋通事一件件清点礼物，并询问这些礼物是否真是来自荷兰，荷兰国家状况如何。这位通事就是有名的耶稣会士汤若望。他当时深得顺治皇帝信任，任钦天监监正。又因其谙熟西语，在清初与西洋各国来往时，常以他为通事。他是一位年龄很老，胸飘长须的人物，照满洲的习俗，剃发垂辫，着满洲服。"[8]

其实，汤若望此次担任通事是怀有私心的。因为荷兰是信奉新教的国家，当时在欧洲，天主教国家和新教国家闹得不可开交，汤若望

荷兰使团朝见顺治皇帝。

无论如何也不想让清朝和荷兰建交。另外，1622年荷兰人偷袭澳门时，汤若望正好刚到澳门，亲身参加了那场与荷兰人的战斗。这点荷兰人心里也很清楚，他们在1665年出版的《东印度公司荷使晋谒鞑靼大汗》一书中说："汤若望在礼部大进谗言，说荷兰人是海盗，生活在小海岛上，所带的礼物是强劫来的，力劝礼部拒绝荷兰人前来贸易，因此礼部官员多次查问荷使，是否荷兰人没有陆地，像海盗一样生活在海上？所带来的礼品是否真的来自荷兰？同样的问题问了九次。"荷使凯塞尔（J. Keyzer）甚至这样报告公司："由于这些耶稣会士的大肆诽谤造谣，我们被描绘得人不像人，鬼不像鬼。"[9]

但顺治和礼部的官员并未完全按照汤若望的主意办，大清国需要享受这种几万里之外的小国来朝觐献贡时的美好感觉。顺治皇帝仍给了荷使一大堆丝绸之类的礼物，不过或许是因为汤若望的原因，将荷兰国"五年一贡"改为了"八年一贡"。

康熙八年（1669）五月，葡萄牙特使玛纳撒尔（Manaelde Saldanha）一行到京，当时是由南怀仁、利类思担任翻译。但由于玛纳撒尔在返回途中死于南京，这次来访没有任何结果。1678年，当年玛纳撒尔使团的秘书白雷拉（Bento Pereyea de Faria）再次以葡萄牙国王特使的名义来访，并将一头在非洲捕获的狮子运抵北京。在南怀仁和利类思的帮助下，葡萄牙人获得了广东香山至澳门陆路贸易的权利。

康熙十五年（1676）四月，沙皇俄国派特使尼果赖（Nikolai G. Milescu Spathary）一行到达北京。俄国使团在京期间，南怀仁作为译员参与了双方谈判的全过程，并翻译了大量官方文件。当尼果赖递交了沙皇致康熙的信时，康熙让南怀仁当即将信翻译成满文念给他听。随后，康熙又让南怀仁将1655年顺治皇帝称赞俄国使团朝贡和1670年康熙要求俄军停止在中国黑龙江流域抢劫盘踞的两封信翻译给俄使。

派出担任翻译

这方面最典型的事例是康熙二十八年（1689），葡萄牙传教士徐日升和法国传教士张诚（Jean François Gerbillon，1654—1707）作为清朝使团成员，参加中俄边境谈判。

在谈判中，徐日升和张诚不仅很好地承担了翻译工作，还起到了顾问的作用。由于这次与俄罗斯的边界谈判是清朝历史上，甚至是中国历史上第一次具有现代意义的外交谈判，索额图（？—1703）等清朝官员缺乏经验，而传教士们来自欧洲，对国家间战争谈判的技巧和策略比较熟悉，他们的这些经验对稳定清朝使团阵脚，取得谈判的胜利起到了重要的作用。而且，徐日升和张诚在谈判中及时揭穿俄方的欺诈，立场很是鲜明。当俄方出尔反尔时，徐日升和张诚明确表示退场，在原则问题上决不退让。在条约的内容确定后，俄方又试图在文字上做文章，他们向两位耶稣会士说，不必让中国使臣知晓，因为用拉丁文写的条约内容是什么，谁也不知道。传教士们断然拒绝了这个要求，明确表示他们永远不会做这种事，不会辜负康熙对他们的信任，不会背叛中国。[10]

但同时，由于荷兰人占据了通向印度洋的海道，在华耶稣会一直想通过俄罗斯，开辟一条和罗马联系的陆路通道。因此，这次和俄罗斯的谈判中，耶稣会士虽然在原则问题上站在了清政府一边，但他们也在暗中帮助了俄罗斯使团，以求获得俄罗斯的好感，为今后开辟陆路交通打下基础。这点徐日升在他的日记中讲得很清楚，在条约签订后的第二天，他见到俄使戈洛文（Golovin Ficdor Alekseevich）说："我居住在中国多年，而且因为我是该国皇帝派来的，所以我不得不表现为他的忠实臣民，如果我不那样做，就会产生严重的后果。"戈洛文笑着回答："这样你就表现得合乎你的身份，如果你不这样做，那倒是不应该的……总而言之，我们清楚地知道，我们应该多么感谢你，你为了共同的利益给了我们多么大的帮助。"[11]这一段对话，清楚地表明了耶稣会士们矛盾而复杂的心态。

在这场谈判中，中俄两大帝国与耶稣会士之间形成了一种微妙的关系。清廷选派耶稣会士当译员，是出于对他们的了解和信任。俄国方面，是为了争取他们。耶稣会士积极参与中俄外交的真实目的，则是为了传播天主教。但无论如何，徐日升和张诚在和谈中发挥了积极作用，促成了《尼布楚条约》的签订。索额图对张诚的工作尤为赞赏，说“非张诚之谋，则和议不成，必至兵连祸结，而失其好矣”。康熙对条约的签订也非常满意，亲自出北京城迎接使团，并接见了徐、张二人，之后多年对他们在和谈中的功绩都念念不忘。

派往欧洲担负外交使命

耶稣会士作为中国政府的外交代表被派往欧洲担任外交使命，最早应是波兰传教士卜弥格。在明清鼎革之际，卜弥格、毕方济等跟随南明王朝，效忠于永历皇帝。当永历逃到广西，眼看大势已去，他把希望寄托在耶稣会士身上，派卜弥格作为明朝大使，返回欧洲请求罗马教廷的帮助。卜弥格在罗马等了三年多，终于教廷消除了对他身份的疑虑，1655年12月18日亚历山大七世（Alexander VII）接见了他。当卜弥格从罗马返回时，葡萄牙人已经不允许他在澳门登陆，因为此时中国已是大清的天下。卜弥格身怀罗马教廷致永历的国书，却找不到他所效忠的南明王朝，最终在郁闷中病逝在中越边境。

清一统江山后，派往欧洲的第一个正式代表是闵明我（Philippe-Marie Grimaldi，1639—1712）。清初“历狱”平反以后，闵明我冒已从广州逃回欧洲的原多明我会传教士闵明我（Domingo Fernandez Navarrete，1618—1686）之名，被南怀仁招到北京，帮助其修历法。闵明我人很聪明，动手能力也很强，康熙十分宠爱他，两次到塞外巡视都带着他。当时，康熙因俄罗斯在黑龙江流域不断骚扰而深感不安，于是派闵明我去见沙皇，商谈两国边界问题。闵明我临行时，康熙送给他镶宝石的金佩刀，并

卜弥格像

让他完全着满人装，俨然一副大清帝国特使的装扮。闵明我的这次欧洲之行，对来华耶稣会也很重要，南怀仁希望他到俄罗斯后和沙皇谈判，为耶稣会士开辟一条从陆地返回欧洲的道路。这样，闵明我返回欧洲时是双重的身份，对外是康熙派往俄罗斯的特使，对内是来华耶稣会的代办。他返回欧洲后，在罗马见到了莱布尼茨（Gottfrido Guilelmo Leibniz，1646—1716）。他得知莱布尼茨和沙皇关系较好，希望通过这个关系到俄罗斯。但俄罗斯拒绝闵明我前往，他没能完成康熙交给的使命。不过通过与莱布尼茨的通信，他把康熙皇帝介绍给了整个欧洲。1688年南怀仁病故后，康熙任命闵明我为钦天监监正，于是他匆匆回到中国，结束了这次大清特使的工作。

白晋（Joachim Bouvet，1656—1730）是康熙派往欧洲的第二位特使。白晋到北京后，深得康熙皇帝信任。通过白晋和张诚的表现，康熙感到法国传教士很有能力，于是就委派白晋作为他的特使返回欧洲，觐见法王路易十四（Louis XIV，1638—1715），并争取招募更多通晓科学的西洋人来华。白晋回到法国后，由于缺少一份康熙亲笔签发的外交信件，法国不承认他的外交身份。但他写下的《康熙皇帝》却打动了整个欧洲，这是欧洲第一本关于中国皇帝的传记，由此欧洲人知道了在遥远的东方有这样一位英明的君主，他的才能、坚毅和勤奋好学使很多欧洲人为之感动，他对西方科学的热情、对待异教天主教的宽容和亲善，使不少启蒙运动的思想家从中国看到了理想的国家模式。从文化上讲，白晋很好地完成了康熙特使的任务，他不仅又从欧洲带回了一批法国传教士，更重要的是，他对康熙皇帝和中国的介绍，为18世纪欧洲的“中国热”揭开了序幕。

康熙皇帝第三批向欧洲派出特使是在“礼仪之争”中。17世纪，天主教在华传教士由于对中国祭祖、祭孔等传统礼仪看法不同而发生争执，先由耶稣会内部的争论发展为在华各修会之间的争端，又进而演变成清帝和罗马教廷之间的争执，直到1773年耶稣会被解散后才告结束，前后历时一百多年，史称“礼仪之争”。

1706年，康熙委派葡萄牙传教士龙安国（Antoine de Barros，1664—1708）和法国传教士薄贤士（Antoine de Beanvollier，1656—1708）带着他的正式外交文书出使欧洲，向罗马教廷阐释他对“中国礼仪”的看法。龙安国和薄贤士乘坐的船快到达里斯本时，风浪大起，两位传教士永沉大海，未能完成康熙的使命。第二年，康熙又派意大利传教士艾若瑟（Joseph-Antoine Provana，1662—1720）和西班牙传教士陆若瑟（Raymond-Jeseph Arxo，1659—1711）带着他致教皇的诏书，作为他的特使前往罗马。艾若瑟和陆若瑟于1709年到达罗马，不久教皇就接见了他们，但实际上罗马教廷对康熙的意见根本没给予重视。教皇会见后，陆若瑟回到西班牙，想从那里返回中国，不料病故在家乡。艾若瑟则在米兰、意大利等地旅行，他们带去的年轻的中国助手樊守义（1682—1753）在罗马学习神学和拉丁文。1719年，两人从里斯本出发返回中国，不料艾若瑟受不了旅途的艰辛，死于途中。

在这期间，康熙为他所派的这四名特使一去不复返感到十分焦急，因为当时“礼仪之争”已经闹得不可开交，康熙非常希望收到罗马教皇给他的亲笔回信。为此他不断让沿海地区的官员打听此事。后来他甚至认为，他的这四名特使可能是被罗马方面反对“中国礼仪”的人暗杀了。

康熙五十九年（1720）六月，樊守义带着艾若瑟的尸体返回广州，九月在热河得到康熙的接见，康熙对他“赐问良久”。此时，康熙和罗马教廷在“中国礼仪”上的争执已快走到尽头，欧洲从此失去了中国。

学者们认为，康熙的现代外交思想的形成有两个直接的外因，一是同俄罗斯就东北边境展开的战争和外交谈判，一是“礼仪之争”中同罗马教廷的交往，而这两次事件都有来华传教士的参与。在一定意义上，传教士对康熙全新的外交思想的形成起到了一定的促进作用，特别在实践康熙的外交思想上，他们前仆后继，作出了不小的贡献。

明清之际的中国文人与传教士

利玛窦与《交友论》

罗明坚和利玛窦1582年入住肇庆时，身着僧服，自称为“西僧”。后来利玛窦的中国朋友瞿太素告诉他，和尚历来为中国文人所鄙视，如果以僧为名会引起文人们的误会。于是，利玛窦开始考虑脱掉袈裟，换上儒服。1594年经耶稣会在东方的负责人范利安同意后，利玛窦和他的同事们开始正式留须留发，戴儒冠，着童生服，见客时拟秀才礼。“合儒易佛”的路线确立以后，结交中国传统士大夫就成为耶稣会士最重要的任务之一。

利玛窦《交友论》

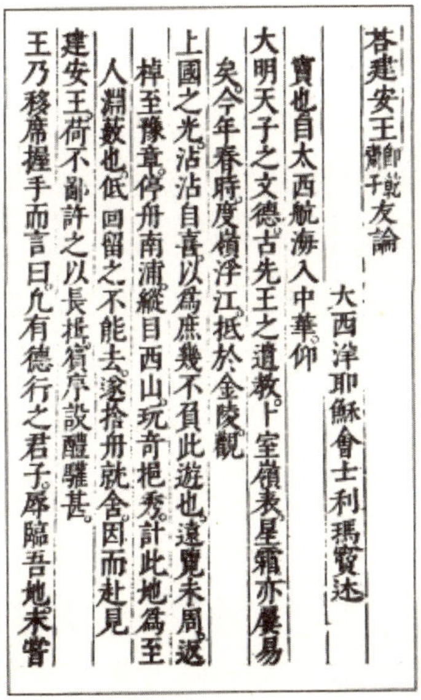
荅建安王（即乾郡王子）友論
大西洋耶穌會士利瑪竇述
竇也自太西航海入中華仰
大明天子之文德古先王之遺教卜室嶺表星霜亦屢易
矣今年春時度嶺浮江抵於金陵觀
上國之光沾沾自喜以爲庶幾不負此遊也遠覽未周返
棹至豫章停舟南浦縱目西山玩奇挹秀計此地爲至
人淵藪也低回留之不能去遂捨舟就舍因而赴見
建安王荷不鄙許之以長揖賓序設醴驩甚
王乃移席握手而言曰凡有德行之君子辱臨吾地未嘗

利玛窦第一次去见明朝宗室建安王时，见面礼就是他的新著《交友论》。此时利玛窦在中国已经生活了十几年，深知中国文人对友道的重视，所以闭口不谈宗教，滔滔不绝地大讲了一番西方的交友之道。他在《交友论》中说：“吾友非他，即我之半，乃第二我也，故当视友如己焉。”

利玛窦的这种交友态度，赢得了中国文人的普遍好感。冯应京（1555—1606）对其高度赞扬，说“西泰子间关八万里，东游中国，为交友业。其悟交之道也深，故其相求也切，相与也笃，而论交道独详……视西泰子迢遥山海，以交友为务，殊有余愧。”连冯应京这样的大儒都被利玛窦所倾倒，可见其影响之大，以致当时“四方人士无不知有利先生者，诸博雅名流亦无不延颈愿望见焉”。[12]

在与传教士的交往中，明清之际的文人表现出了多重而复杂的心态。我们大体可以将这些文人分为二类：因求异而交往、因信仰而交往。

因求异而交往

一个大鼻子的洋人，长期生活在中国，而且开口“子曰”，闭口“诗云”，这已是一件奇事。如果这个洋人手中又有奇物，又知天南海北之奇事，那就更令中国人关注了。当年与传教士交往的文人中，求其异者占了绝大多数。

对传教士所带的奇物好奇，或认为其有“秘术”

对当时的中国文人来说，传教士所带的物品中有两样是从未见过的，一是钟表，二是三棱镜。罗明坚和利玛窦首次到肇庆时，最令肇庆总督感兴趣的就是这两样东西。“他们献上表和几只三角形玻璃镜，镜中的物品映出五颜六色。在中国人看来，这是新鲜玩意儿，长期以来他们认为玻璃是一种极为宝贵的宝石。”[13]在南京时，许多文人官宦听说有西洋人带有奇物，纷纷前来拜访利玛窦。利玛窦将钟表和三棱镜等准备带到北京献给皇帝的礼物放在屋中，供人们参观，一时间大家都来看稀奇。

凡与利玛窦接触过的人，都感到他“性好施，能缓急人，人亦感其诚厚，无敢负者”。[14]人们看到这些传教士吃住无忧，又出手大方，却不知他们的钱从哪里来，于是有人怀疑他们会炼金术，还有人认为他们会炼丹、气功之类的养生秘术。晚明画家、文学家李日华（1565—1635）看到利玛窦虽近五十岁，却气质非凡，面如桃花，就觉得“窦有异术，人不能害，又善纳气内观，故疾孽不作”。在南京时，还有位专门研究长寿之道的人来找利玛窦，希望能学习养生秘法，弄得利玛窦哭笑不得。

传教士们大多熟读中国经书，很是令文人喜欢，但他们航海几万里来中国干什么，这让很多文人不解。晚明大儒李贽对利玛窦很欣赏，认为他“是一极标致人也，中极玲珑，外极朴实”，曾在纸扇上题诗给他：“逍遥下北溟，迤逦向南征。刹利标名姓，仙山记水程。回头十万里，举目九万重。观国之光未，中天日正明。”[15]但李贽对他来华的目的也琢磨不透，说“不知到此为何，我已经三度相会，毕竟不知到此地何干也。”

文人们越是对这些西洋人捉摸不透，就越觉其神奇。谈迁（1594—1657）在谈到汤若望时，说他所藏的西洋书是从左到右看，而且横排。对只见过从右到左竖排书的中国文人而言，这样的书籍的确很奇怪。更神奇的是，他“有秘册二本，专炼黄白之术……有玻璃瓶，莹然如水，忽现花，丽艳夺目，盖炼花之精隐入之，值药即荣也”。[16]

《圣母子像》，利玛窦将之赠与文人程大约，后被其收入《程氏墨苑》。

对于人们的猜想，利玛窦自己也知道。他在给友人的信中说，自己在中国所以受人重视有五条原因，其中第二条就是“有谣言说我通点金术，因此许多人要跟我学此术。我告诉他们，我对此术是门外汉，而且我根本也不信这一套”。[17]

对传教士所介绍的西方科学知识好奇

明末清初西学传入中国之时，正是中国传统思想发生重大转变之际。从晚明开始，思想界已经不满意“心学”的空疏，“实学”逐渐得到很多人的响应，徐光启所说的“实心、实行、实学”最鲜明地表达了这种实学思想。而传教士所介绍的西方科学知识所以受到士人的欢迎，与这种思想背景有很大的关系。

首先引起中国文人关注的是《山海舆地全图》。当文人们站在利玛窦的这幅地图前时，眼睛为之一亮，天下原来如此之大，中国仅仅是世界的一部分，传统的华夏中心论顷刻间轰然倒塌。这个冲击是相当大的，从天圆地方到地球是圆的，这是一种世界观的转变。利玛窦的地图先后被刻印了12次之多，可见其受人欢迎的程度。

仕清的“贰臣”丁耀亢（1599—1669）和汤若望有交往，汤若望

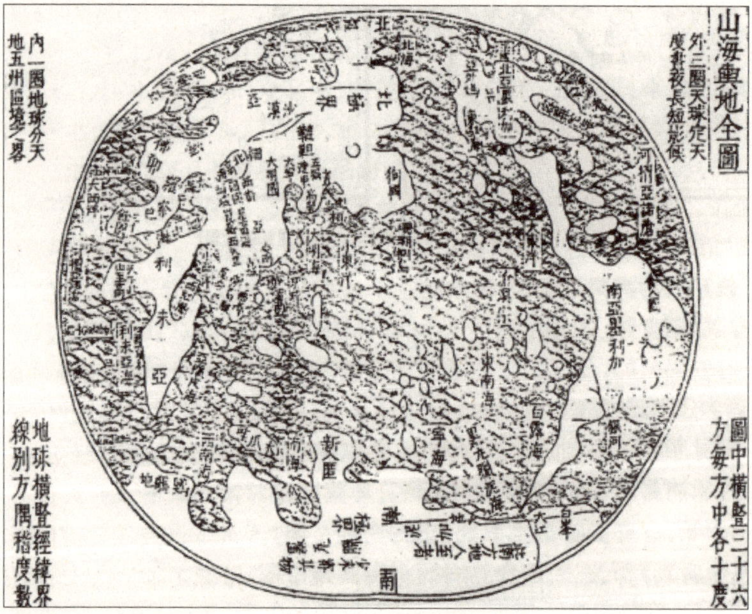

利玛窦的地图被多次刻印，图为冯应京《月令广义》收入的《山海舆地全图》。

汤若望像

吸引他的是西洋天文历算之学和望远镜，如他在诗中所写的“璇玑法历转铜轮，西洋之镜移我神”。和清初顾炎武（1613—1682）、王夫之（1619—1692）、黄宗羲（1610—1695）三大家都有着密切关系的方以智（1611—1671）是中国思想史上的重要人物，他的《物理小识》是今天研究“西学东渐”的最基本著作。方以智的思想与他和传教士的接触有着密切关系。崇祯三十年（1640），方以智考中进士后来到北京，从此和汤若望有了直接联系，并跟随汤若望学习天文学。后来他又在南京认识了耶稣会士毕方济，虽然方以智对毕方济“问事天则喜”，问历算等内容则“不肯详言”颇为不满，但他还是跟毕方济学了不少西学知识。学者们现已考察出，方以智《物理小识》中的西学内容绝大多数是抄录和转述耶稣会士的中文著作。方以智的儿子方中通（1635—1698）继承父业，研究天文学和算学，他的西学知识除来自其父以外，也是跟着传教士穆尼阁（Nicolas Motel，1617—1657）学习的结果。

清初启蒙思想大家黄宗羲很可能和汤若望有过直接的交往，他所敬佩的同样是汤若望的西洋历算之学。他曾作诗“西人汤若望，历算称开僻。为吾发其凡，由此识阡陌”，将汤若望称为自己在历算方面的启蒙老师。黄宗羲的儿子黄百家（1643—1709）对传教士多有褒言，在《明史》中对利玛窦等传教士所介绍的西方科学知识给予了很高的评价：“利玛窦等俱精天文历法。盖彼国以此为大事，五千年以来聪明绝群之士聚而讲之，为专门之学。”[18] 清初理学名士陆陇其（1630—1692）曾在1675年、1678年两次到北京与南怀仁和利类思谈西学，而他最主要的兴趣同样是西方的天文历算。他曾向南怀仁询问过有关浑天仪的情况，并亲自跑到天主堂去参观浑天仪，对传教士们的西洋器物赞不绝口。熊明遇（1580—1650）对传教士所介绍的西学也赞扬有加，他说：“诸公大雅宏大，殚间洽闻，精天官、日历、算数之学，而犹喜言名理，以事天帝为宗，传华语，学华文，篝灯攻苦，无异儒生，真彼所谓豪杰之士也。”[19]

与空谈心性的阳明心学末流相比，传教士所展示的西洋科学使中国士人耳目一新。晚明时汤若望已实现了从回回历向西洋历的重大转变，尽管清初有“历狱”，但康熙朝时得到了反拨。康熙对传教士的大力支持，也在一定程度上促使整个社会形成了良好的学习西学的氛围。学习西洋天文历算等科学知识，成为文人学子接触传教士的主要原因。

对传教士的〝合儒〞路线感兴趣

利玛窦在谈到他受中国文人欢迎的原因时，第一条讲的就是由于他了解中国风俗。他说：“第一因为我是一位外国人，是他们过去未曾看见过的，且知中国的语言、学问与风俗习惯等。”[20] 传教士广博的知识、儒雅的举止，以及他们对中国古代经书的熟悉，赢得了文人们的好感。明末内阁大学士叶向高（1559—1627）在给利玛窦的诗中写道，“言慕中华风，深契吾儒理。著书多格言，结交多名士。”[21] 文人陈亮采在看了利玛窦的《畸人十篇》后十分感叹地说：“其书精彩切近，多吾儒所推称。至其语语字字，刺骨透心，则儒门所鼓吹也。”

类似的颂扬传教士的诗文还有很多。《闽中诸公赠诗》是一份很重要的反映明清之际福建一带文人和耶稣会士艾儒略（Jules Aleni, 1582—1649）交往关系的诗集，其中收有74名文人写作的84首诗。[22] 这些诗中流露出文人们对艾儒略人格与学问的敬佩，甚至有人将艾儒略比作像孔子（前551—前479）一样的世代宗师，还有人称他是唐代文豪韩愈（768—824）的化身。闽中文人对天主教的理解并不完全一致，但大多数人都认为天儒相融，他们对艾儒略的好评也正是因为他讲的虽是天学，听起来犹如儒学。

后世学者对利玛窦和艾儒略在中国活动期间所结交的全部人物作过统计。利玛窦所结交的人物共129人，其交友之广，上至皇族王孙，下到僧人和尚，但绝大多数是文人和官宦。这些人中真正成为天主教信徒的只有15人，占总数的11%。[23] 艾儒略在华活动长达39年，仅在福建传教就有25年，在这25年间结交205人，其中教徒114人，占55%。[24]

可以看出，利玛窦和艾儒略在交友上有两点不同：第一，利玛窦交友多以官宦文人为主，艾儒略虽然在坚持利玛窦的“合儒”路线，但所合之儒已不再像利玛窦那样是地位显赫的鸿儒，而更多的是中国基层社会的乡绅儒生，他们是艾儒略在闵传教活动的社会基础和依靠对象；第二，艾儒略比利玛窦结交的人数更多，交往的人物中教徒的比例比利玛窦高出44%，这说明天主教经过半个多世纪的发展，在中国民间社会已经有了相当的影响。

《闽中诸公赠诗》说明的是民间下层文人与传教士的接触，《赠言》则反映了清初北京上层士人与传教士之间的关系。顺治十八年（1661）四月初一是汤若望的七十寿辰，在京城和汤若望有过交往的文人纷纷著文、写诗给汤若望贺寿，他们中有礼部尚书胡世安，礼部侍郎薛所蕴，礼部左侍郎、少保王铎，通家侍生金之俊、王崇简、龚鼎孳，翰林院庶吉士魏裔介，顺治三年榜眼吕缵祖，顺治四年进士庄冋，以及平民史学家谈迁等。作为祝寿的贺文、贺诗，少不了恭维溢美之辞，但还是可以从中看出士大夫们对汤若望人格的由衷称赞，以及对汤若望在历算、天文方面造诣的敬佩。这也证明了汤若望以“合儒”为基础，以天算、历学为手段，在清王朝求其生存和发展所获得的成功。

因信仰而交往

在利玛窦时代，中国人真正入教的很少，但到清康熙年间（1662—1722），天主教在中国已有了较大的发展。

中国文人因接触传教士而最终加入天主教的，以晚明时徐光启、李之藻、杨廷筠（1557—1627）、王征（1571—1644）四人最为典型。学者方豪（1910—1980）将徐、李、杨三人称为中国天主教的“三大台柱”，将徐、李、杨、王称为中国天主教的“四大贤人”。他们从传统的文人士大夫演变成天主教徒，主要有四方面原因：敬佩传教士的人格魅力；热衷于传教士所传授的西方科学；理想主义的宗教观；“儒耶相融”的天学理论。

传教士的儒雅之风，给中国文人留下了极好的印象。徐光启在给崇祯皇帝（1628—1644在位）的奏疏中说，他信服利玛窦并不是一时之冲动，而是经过了很长时间的考察，看到传教士生活俭朴，待人谦和，而且学问渊博，在他们自己的国家都是“千人之英，万人之杰”，与这样的人相处不能不为之心动。李之藻在为利玛窦的《畸人十篇》写序时也表达了类似的感受，他说，这些传教士不结婚，不求官，每日只是“潜心修德，以昭事上帝”，一旦和他们接触，发现他们涉猎极广，经史子集、象纬舆地无所不通，常常发前人未发之言，而且他们内心安宁沉静，“修和天和人和己之德，纯粹益精”，可谓“至人”。

文人们与传教士接触，最大的冲击就是传教士所介绍的那些前所未闻的西方科学知识。关西大儒王征在《远西奇器图说录最》中说，他和传教士相处多年，深感“畸人罕遇，绝学希闻，遇合最难”，在国家、民生需要这些西儒的奇器时，怎能不学、不传。徐光启在《泰西水法》序中说：“久与处之，无不意消而中悦服者，其实心、实行、实学，诚信于士大夫也。”[25] 由于服膺于传教士的“实学”，进而接受其宗教观，这是徐、李、杨、王四人信奉天主教的共同的思想逻辑。

徐光启像

对现实不满，期望一个理想的世界，由此而接受天主教，这方面徐光启十分典型。1596年在广东韶州时，徐光启就认识了意大利传教士郭居静（Lazare Cattaneo，1560—1640），1600年在南京第一次结识了利玛窦，利玛窦送他一本《天主实义》和《天主教要》。三年后，徐光启又来到南京，利氏此时已到北京，他向罗如望（Jean de Rocha，

1566—1623）神父提出要加入天主教。在接受了8天的天主教神学知识教育以后，正式受洗，教名“保禄”（Paul）。徐光启加入天主教绝非一时冲动，而是有着深入的思考。万历四十四年（1616）发生“南京教案”，他在为传教士辩护而写的奏疏中，公开说明了自己信仰天主教的理由：第一，仅靠伦理的约束不能解决人生的全部问题。徐光启说这个问题早在司马迁（前145？—前87？）时就已经提出，为什么颜回有德而早逝，盗跖有罪而长寿？后世想通过立法来解决这一问题，但结果更糟，历代统治者“空有愿治之心，恨无必治之术”。正是在此种背景下，佛教才传入中国，但世道人心并未因此有任何进步。第二，他认为传教士所介绍的天主教是一种理想的宗教，这一宗教在西方实行了上千年，人们“大小相恤，上下相安，路不拾遗，夜不闭关，其长治久安如此”。[26]所以，他认为耶稣会“所传天学之事，真可以补益王化，左右儒术，救正佛法者也”。[27]

实际上，当时西方的问题绝不比中国少，但徐光启是一个理想主义者，他又无法去欧洲实地考察，所以传教士所介绍的西方成了他心中的乌托邦。

徐光启对自己的信仰非常自信。他在给皇帝的奏疏中说，有三个办法可以验证他的说法，其一，让传教士把西学的书翻译出来，然后请天下的儒生来研究，如果这些书是旁门左道，自己甘愿受罚；其二，让传教士和中国寺院的大师、道观的天师们论战，如果传教士“言无可采，理屈词穷”，立即将他们赶走，自己也情愿受罚；其三，在信天主教的地方作一个调查，三年中看犯罪的人里有没有教徒，这样就可知天主教究竟是好是坏。

在徐光启的全部言论和著作中，我们可以看到他对本土文化的热爱和对外来文化的开放心态。自明以来，在中国思想史上，像徐光启这样融融大度、涵养开明，既立足本土文化，又很好地吸收外来文化的人实属罕见。

“儒耶相融”的天学理论，是儒生们和传教士接触的思想基础。即

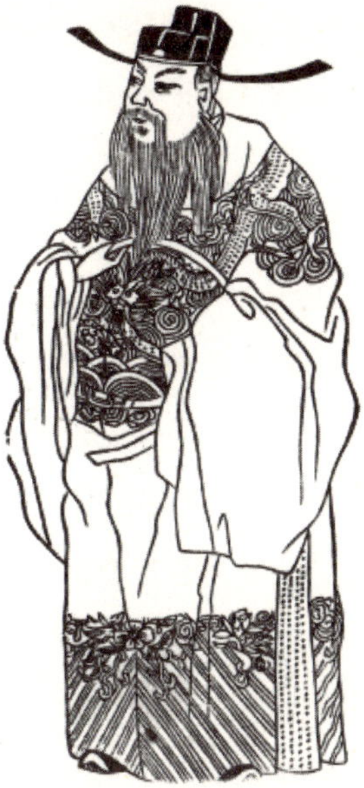
李之藻像

便是徐光启那样坚定信奉传教士学术者，也并非被动地接受天主教的理论，他对天主教的理解是建立在“补儒易佛”的基础上的。他在文章中说，利玛窦等人所讲的道理“百千万言中，求一语不合忠孝大旨，求一语无益于人心世道者，竟不可得”。[28]这说明，他自信天主教是完全符合儒家伦理道德的，并且弥补了儒家之不足。

李之藻和利玛窦相识多年，但因有妾，一直未入教。后来李之藻在北京得了重病，受利氏每日照顾，深受感动，“立志奉教于生死之际，幡然受洗”。李之藻对天主教的认识，同样是建立在耶、儒有其共同基础这一思想上。他说，儒家讲事亲而推及于天，这个“天”就是利玛窦所说的“天”。其实，儒家的“天”和天主教的“天”相去甚远，但在追求终极关怀上确实有着一致性。

在“四大贤人”中，杨廷筠可能是唯一一个单纯因信仰而加入天主教的。他很少给传教士的著作作序，也从未像其他三人那样与传教士合作翻译西学著作，他自己也说他不懂传教士讲的几何、天文之类的东西。1611年，在李之藻的介绍下，他邀请郭居静、金尼阁（Nicolas Trigault，1577—1628）等几位神父到他家小住，在这几天中，他和神父们彻夜畅谈，讨论神学问题，最后决定正式领受洗礼，教名“弥格尔”。[29]杨廷筠的入教，与他一直比较关注宗教、哲学这类问题有关，也和他看到《七克》等传教士所写的著作中，包含着和儒家伦理极大的相似性有关。但即便像他这样关注理论思考的中国天主教徒，其对天主教的理解仍和传教士的期待有着很大的距离。杨廷筠说：“惟西方天学乃始一切扫除，可与我儒相辅而行耳。”因而龙华民（Nicolas

Longobardi，1559—1654）在和杨廷筠长谈以后，对他的评语是“他的见解还是中国学说式的见解”。[30]

明清之际加入天主教的文人士大夫尽管有“儒耶相融”的理念，但文化上的冲突时有发生。例如纳妾问题，最典型的例子莫过于王征。他在入教后，因家中男孩相继病故，妻子和女儿都哭求他再续一房，父亲也严令他纳妾以续香火。于是，王征在52岁时娶了年仅15岁的申氏为妾，作为教徒，这是违反《十戒》的重罪。后来，王征公开写下了《祈求解罪启稿》，了断了他和申氏的夫妻关系，不过并未休弃，而是将申氏留在家中，王征死后申氏仍被要求为王家掌理家务。[31]

其实，这种冲突和矛盾是同时存在于传教士和士大夫双方的。传教士面对着比天主教文化要悠久得多的中国文化时，同样是进退两难。虽然聪明的利玛窦想出了“合儒易佛”的高招，但并不能解决根本问题。利玛窦尸骨未寒，他自己选的接班人龙华民就举起了反对“合儒易佛”路线的大旗，一时耶稣会内部纷争四起，并最终导致了一百多年的“礼仪之争”。

1275年，元世祖忽必烈在上都夏宫（今内蒙古多伦北）接见了来自意大利的波罗一家，包括父亲尼可罗·波罗（Nicolo Polo）、叔父马菲奥·波罗（Maffeo Polo）和年幼的马可·波罗。

17世纪西方绘画作品，描绘了最早进入东方的耶稣会士沙勿略在传教过程中遭遇的艰辛和苦难。

耶稣会士利玛窦和汤若望，他们正展开一幅中国地图。在他们的上方，是两位耶稣会的创始人。

ihs
INRI
Je croy
j'espère
j'ayme
Dieu
en trois
personnes
天主三位一體
appuyé sur
les S.S. merites de
JESUS CHRIST
JE
SOU
Je croy fermement
j'espere ardemment
le pardon de mes
pechez, la resurrection
de mon corps et
la vie
eternelle

画中上栏从左至右分别是利玛窦、汤若望和南怀仁，下栏是两位受洗的中国天主教信徒。

利玛窦与徐光启

身着清朝官服的南怀仁

1656年荷兰使团进入北京，准备朝觐顺治皇帝。

清朝朝廷为招待欧洲国家来华使者而举行的宴会。

16世纪末欧洲人眼中的中国人

16世纪的澳门。1565年，耶稣会在此设立了澳门学院，负责管理中国和日本的传教事务。

17世纪的澳门。由于其特殊的地理位置，澳门成为当时中西方文化的交汇点。

康熙皇帝画像。通过来华传教士的介绍，这位中国帝王的聪明才智和勤奋好学使无数欧洲人为之感动。

《乾隆皇帝朝服像》，意大利传教士郎世宁绘。

1584年荷兰人奥特里乌斯绘制的中国地图

耶稣会士艾儒略《职方外记》中的《万国全图》

17世纪西方人描绘的中国沿海城市福州

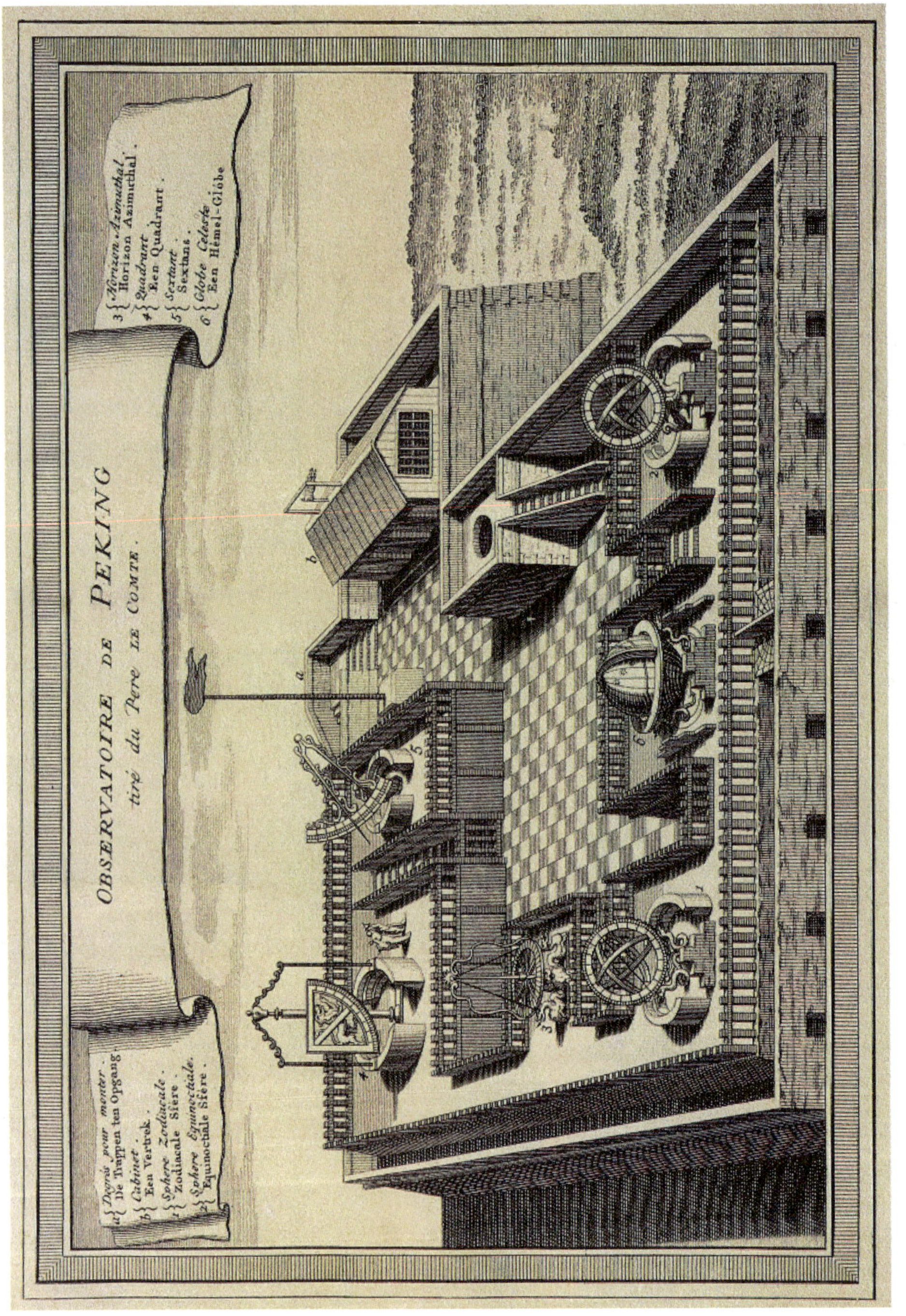

清康熙年间的北京观象台，上面安放着由南怀仁设计和监造的六架新式天文仪器。

西方天文历算传入中国

天文历法在中国古代社会具有重要的意义。从政治上说，因为世俗权利的依托是“天”，皇帝替“天”行道，以“天子”自称，因此“观天”是为证明王朝和帝王统治的正统性；从生产上讲，古代中国是农业社会，季令的变迁与农业生产和国计民生息息相关。传教士入华后，逐渐了解到中国的这一特点，便将自己的学问称为“天学”，以期获得中国皇帝和士大夫们的重视。

历法改革与天文学的传入

利玛窦的《乾坤体义》是传教士撰写的第一本关于西方天文学的著作。他初步把托勒密（Clandius Ptolemaeus，约90—168）的“九重天说”，亚理士多德（Aristotle，前384—前322）的“四元行论”介绍到中国。后来由他口述，李之藻笔译的《浑天通宪图说》把利玛窦老师丁神父1593年出版的《论天文仪》一书的部分内容翻译了过来，但李之藻在翻译中揉进了很多中国古代天文学的知识。

葡萄牙传教士阳玛诺（Emmanuel Diaz Junior，1574—1659）写了一本《天文略》，以问答的方式介绍托勒密的天文学，还配图说明了太阳、月亮等天体的运动。书中还首次向中国介绍了伽利略（Galileo，1564—1642）的最新著作《星际使者》，而当时伽利略的这本书在欧洲不过刚出版了五年。

传教士介绍西方天文学知识的著作中影响最大的，是他们和徐光启等中国科学家一起编写的《崇祯历书》。明代一直使用的是大统历和回回历，时间一久，误差逐年增大，常常月食和日食都推算不准，因此改历的呼声在隆庆（1567—1572）和万历年间（1573—1619）一直都有。崇祯二年五月乙酉朔（1629年6月21日）日食，当时钦天监依据大统历和回回历都测算不准，只有徐光启按照西方历法的预推得到了应验。改历之声因而再起，崇祯帝同意开局修历，由徐光启主持历局工作。徐光启推荐了李之藻、龙华民、邓玉函（Jean Terrenz，1567—1630）参加历局，后来又将在外地的汤若望、罗雅谷（Jacques Rho，1593—1638）也调到了历局。

《崇祯历书》的编写历时五年，到崇祯七年（1634）全部完成。全书共一百三十七卷，分为五大部分。第一部分《法原》主要是翻译西方天文学理论，是全书的核心。徐光启有句很有名的话，“欲求超胜，必须会通，会通之前，先须翻译。”他认为修历首要是翻译、介绍欧洲的天文学。据当代学者研究，传教士和历局的文人大约翻译了当时西

16世纪欧洲人观察天象图

方天文学家的13部著作，包括哥白尼（Copernicus Nicolaus，1473—1543）的《天体运行论》，第谷（Brahe Tycho，1546—1601）的《新编天文学初阶》、《新天文仪器》，开普勒（Kepler Johannes，1571—1630）的《新天文学》、《天文光学》、《哥白尼天文学纲要》，伽利略的《星际使者》等。[32] 第二部分《法数》和第三部分《法算》介绍西方天文学的计算系统和数学知识，第四部分《法器》讲天文仪器，第五部分《会同基本书目》主要是中西各种度量单位的换算表。

《崇祯历书》翻译和编写出来不久，满清的铁骑踏进了北京，大明王朝草草退场。新的王朝同样需要制定历法，同样要借助于天文占卜证明自己的合法性。很快，汤若望被清廷接受，当上了钦天监监正，这是中国历史上第一次由外国人主持钦天监。汤若望将《崇祯历书》改为《西洋新法历书》在全国刊行，西洋历法正式在中国登场。

《崇祯历书》或说《西洋新法历书》到底给中国人带来了哪些新的东西？首先，和传统历书相比，它在计算方法上有了改变。中国古代的天文学计算方法是一种纯代数的方法，它不需要任何几何图像，而是根据观察的情况，对已有的计算公式不断进行修改，使其更为精确。《崇祯历书》则完全采用了几何模型方法，通过构造几何模型和实际观测确定模型中的参数，这使中国天文学的计算方法从传统的代数学体系转变为欧洲古典几何学体系。

其次，《崇祯历书》明确引进了地圆的概念和经纬度的概念。这对于破除中国旧有的“天圆地方”观念十分重要，而且为其后准确预测月食和日食奠定了基础。

第三，《崇祯历书》引进了一整套不同于中国传统天文学的度量和计算制度，包括分圆周为360度、一日96刻、60进位制等等。

制造测天仪器

从传教士入华初期开始，他们就时常制作一些西方天文仪器，作为礼物送给中国的文人、官僚。利玛窦就曾制作过天球仪、地球仪、象限仪、纪限仪等。

在传教士和徐光启等中国学者主持的《崇祯历书》中，介绍了包括纪限仪、象限仪、地平经纬仪、赤道经纬仪、望远镜等17种西方天文学仪器。据学者们考察，“通过《崇祯历书》的编撰，传教士们已经把1619年以前的绝大多数欧洲天文学仪器介绍给钦天监”。[33] 不仅如此，传教士们还亲手制作这些天文仪器，其目的既是为了进行实际的天文观察，同时也是为了向中国皇帝展示。晚明时，传教士和中国的天文学家就曾联合制作过一些天文仪器，但大规模的制作工作是从清初开始的。

经过清初“历法之争”，南怀仁取得了康熙的完全信任。1669年担任钦天监监正后，他开始大规模制作西方天文仪器。根据南怀仁自己的记载，他在四年之内制作了六样大型天文仪器，同时还写下《新制灵台仪象志》，对这些天文仪器的构造、功能和使用方法作了详细介绍。南怀仁所制造的这六台天文仪器被安放在北京东南角的观象台上，给古老的北京增添了新的气象。

第谷《新建天文仪器》中的天球仪

南怀仁《新制仪象图》中的天球仪

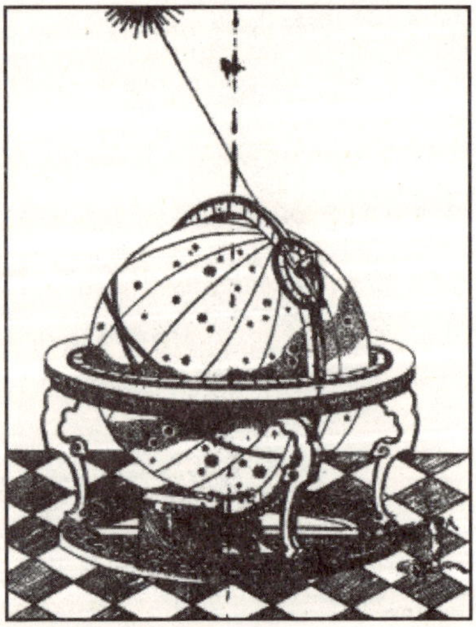

和中国传统的天文观测仪器相比，这些天文仪器结构更为简洁，使用更为灵活，机械方法上也有更为合理之处。通过它们，中国天文学家对西方天文学有了更多的了解。

南怀仁制作这些天文仪器时，离开欧洲已近二十年，对欧洲天文学的新进展已经不太了解。因此，如果同当时欧洲最新的天文仪器相比，他的这些仪器已经稍显落后了。后来戴进贤（Ignace Kögler，1680—1746）、刘松龄（Augustin de Hallerstein，1703—1774）等传教士接替南怀仁的工作以后，大体上还是在沿袭南怀仁的既定方向，而此时欧洲天文学已经有了较大的进步。这样，原本与欧洲水平比较接近的中国天文学又渐渐和西方拉开了距离。

在晨钟暮鼓中，工作在观象台的传教士一代接着一代，替中国皇帝守护着这个通天的阶梯。但遗憾的是，他们并没有收获任何新的科学成果。这大概有两条原因：第一，传教士的心思不在科学上，科学只是他们的敲门砖。这点南怀仁讲得很清楚，“我们的天文学是在全中国繁育宗教的最重要的根基。”传教士们并不想要推动天文学的新发展，只要测算没有误差，也就可以了。第二，大清朝的帝王只是将观天作为维护其政治统治的手段，从未想过推动科学的发展。中国天文学的传统从根本上说就具有政治性，帝王们关心的是要测准天体运行，特别是日食和月食，以证明王朝的合法性，当然也要算准季节的转换，以不误农时。因此，他们对钦天监的要求也只是算准、测准。实际上，当传教士把代表欧洲最新天文学成就的望远镜送给乾隆皇帝时，他也只是用它来看看月亮。

乾隆朝宫中传教士制造的天文仪器。

从汤若望执掌钦天监开始，经后来南怀仁彻底翻转清初“历狱”，重掌钦天监，到1826年葡萄牙传教士高守谦（Vervissimo Monteiro da Serra）因病回国，西洋传教士掌握钦天监长达二百多年。无论是天文学理论，还是天文观测仪器，西方天文学开始在中国占据主导地位，使中国天文学发生了脱胎换骨的变化。

在古代中国，天文占卜事关皇权，私习天文是犯法的，搞不好是要杀头的。传教士来华后，开始出版天文学方面的书籍，展示西方天文学的仪器设备，特别是《西洋新法历书》在全国刊行后，流传甚广。这有力推动了中国民间的天文学研究，从而产生了王锡阐（1628—1682）、梅文鼎（1633—1721）、薛凤祚（1600—1680）等一批精通西方天文学的平民天文学家。

西方数学在中国

数学和天文历法密不可分，所以传教士在向中国介绍西方天文学时，西方的数学研究成果也随之被介绍进来。

欧几里得《几何原本》书影

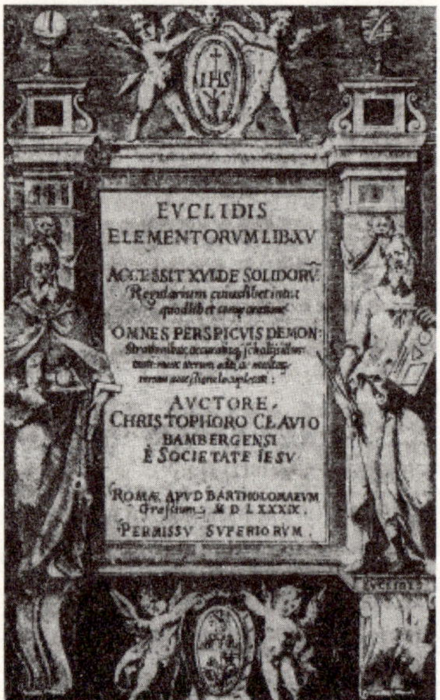

谈到西方数学在中国的传播，首先要提到利玛窦和徐光启合作翻译的《几何原本》。日本学者小川琢治（1870—1941）认为，《几何原本》是利玛窦向东方介绍的最好的礼物。当年利玛窦死后，内阁大学士叶向高说，不提别的贡献，就凭《几何原本》这一本书，利玛窦就足以让皇帝赐他葬地，可见《几何原本》在当时的影响。

实际上，《几何原本》在元代（1271—1368）就已传入中国，但当时并未译成中文。经过利玛窦和徐光启的合作，中国人才第一次看到西方数学的真面貌。徐光启形容数学的重要性时说，数学好比工匠的斧头和尺子，没有斧子、尺子，自然无法造房，没有数学，万事都难以做成。所以徐光启劝说世人一定要好好学习《几何原本》。

徐光启跟着利玛窦学习数学一发不可收，1608年前后集中完成了三部数学著作：《测量法仪》、《测量异同》、《勾股义》。《测量法仪》一书将利玛窦的口述和徐光启自己对中国传统数学的理解结合起来，解释了如何将西方的测量学知识用于实际的测量；《测量异同》是对西方测量方法和中国测量方法的比较；《勾股义》则是根据《几何原本》的原理对中国古代勾股玄定理的证明。

徐光启还和罗雅谷合作翻译了《测量全义》，介绍了西方数学中三角形的知识；瞿式穀和艾儒略合作翻译了《几何要法》；受老师徐光启的影响，孙元化（1582—1632）也写下《几何用法》一书。学习西方的几何之学成为当时很多士大夫学习西学的重要内容。梅文鼎便说，“言西学者，以几何为第一义。”

西方数学在中国传播过程中的另一本重要著述是利玛窦和李之藻合作的《同文算指》。在耶稣会士来华之前，中国的算术主要还是筹算和珠算，通过这本书，西方的笔算方法被介绍到中国。虽然从内容上看，它并未超过中国古代的数学传统，但毕竟引入了一种新的方法。

传教士介绍西方数学的书还有：邓玉函《大测》二卷、《割圆八线表》六卷、《测天约说》二卷，汤若望《共译各图八线表》六卷，罗雅谷《比例规解》一卷、《筹算》一卷等，这些都被收入在《崇祯历书》中。其他像穆尼阁在南京传教时和薛凤祚合作的《比例四线新表》、《比例对数表》等，多被收入后来的《数理精蕴》和《历象考成》之中。

传教士们的这些翻译和著述，引起了中国文人的极大兴趣。晚明以后，中国文人中研究西方数学的人明显增多，数学著述大量出现。据方豪统计，共有42名文人写下了73部数学著作。

对西方数学有热情的不仅是士大夫，皇帝也兴趣极大。康熙即位不久就请南怀仁为其讲授天文、数学，后又将张诚、白晋等留在身边讲授几何学，还下令把《几何原本》翻译成满文。西方的代数学开始传入中国时被称为“西洋借根法”，也叫“阿尔热巴拉”或“阿尔朱巴尔”，这都是Algebra的音译。康熙一度对此很感兴趣，在梵蒂冈档案馆里，至今还保存着他在承德避暑山庄跟传教士学习“阿尔热巴拉”的文献。

康熙喜欢数学并不仅限于自己的个人兴趣，他切实认识到这些西洋知识是有用的，因此很重视对数学人才的培养。1713年设立的“蒙养斋”，就是安排八旗子弟学习数学的地方。康熙的继任者同样重视培养数学人才。雍正年间，在八旗官学中增设算学，有教习十六人，从每旗中挑选聪明孩子三十余人学习算学。乾隆三年（1738），八旗官学停止教授算学，另专设算学馆，此机构一直延续到清末。

西洋数学的传入，对中国产生了不小的影响。这种影响大体可分为三个阶段：第一阶段是从晚明利玛窦等人开始到雍正元年（1723）《数理精蕴》出版，大约经历了一个半世纪，主要以翻译、介绍西方数学为主；第二阶段是从雍正朝开始到基督新教入华前，此时在西方数学的影响下，更多的中国学者转入了对中国传统数学文献的整理；第三阶段是在基督新教入华后，西方数学的第二次传入。在这一阶段，由于“西学中源说”的观点日益被官方和不少学者接受，人们对西方数学的评价产生了分歧，有人说西算不如中算，有人说中算、西算没有太大的差别，还有人说中西算法各有自己的问题，而同意西洋算法在中国古代早已有之的观点者为数不少。今天看来，这些争论的出现，本身就说明了西方数学在中国的影响，以及它对中国本土数学发展的推动作用。

从《山海舆地全图》到《中国新图》

利玛窦与《山海舆地全图》

利玛窦在肇庆时，到他房间去的文人们最喜欢的东西之一，就是他挂在墙上的那幅《山海舆地全图》。利玛窦在日记中记载，许多中国人第一次看到这幅地图时，简直目瞪口呆，不知说什么好。因为几千年来的“夷夏之分”使中国人自认为在世界上只有自己的国度是最文明的，其他地方都是蛮荒之地，而且中国历来地处世界的中心。现在这幅地图上竟然在中国之外还有那么多的文明国家，更不可容忍的是，

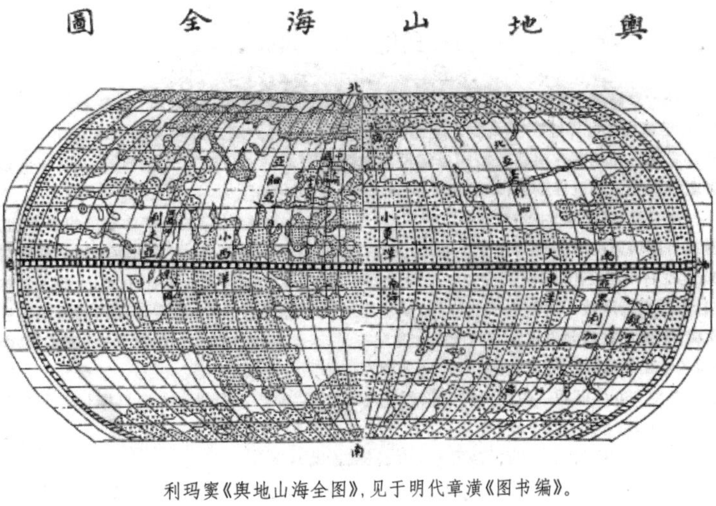

利玛窦《舆地山海全图》，见于明代章潢《图书编》。

中国在世界上竟不处在中心地位，与整个世界相比，泱泱大国的中国竟如此之小。

利玛窦看出了这幅地图对中国文人的冲击，为了使中国人更容易接受，他重新绘制了一幅地图，将中国放在地图的中心位置，以满足当时中国人“华夏中心”的想法。反正地球是圆的，利玛窦这样画也没有违反什么原则。一时间，利玛窦的《山海舆地全图》成为文人的热门话题，根据洪煨莲（1893—1980）的考察，在1584—1608年间，它在中国先后被翻刻了12次。

1601年利玛窦到达北京后，与在工部任职的李之藻交上了朋友。他与李之藻一起将《山海舆地全图》放大重制，然后刻版刊行，这就是至今仍存的《坤舆万国全图》。这幅“万国全图”还被呈给万历皇帝，据说万历下令用十二幅丝帛织成全图，装在六对大屏风里，每天坐卧起居都要将屏风地图看上几遍。

利玛窦的地图给当时的中国人带来了什么新的东西？它凭什么得到了上至皇帝，下至文人书生的喜欢？又为什么会受到另一些人的强烈反对？其中的原因，大约有以下两条：

第一，它打破了“夷夏之分”的传统观念。远在春秋时代（前770—前476），孔子从政治统一的角度出发在《春秋》中主张“尊王攘夷”；从文化的角度出发在《论语》中主张“用夏变夷”。“夷夏之分”从此成为一种重要的儒家传统思想。先秦儒家通过“夷夏之辨”，确立了华夏文化“远人不服，则修文德以来之”的自信心和优越感。宋代理学家石介（1005—1045）的《中国论》说得最为明白：“天处乎上，地处乎下，居天地之中者曰中国，居天地之偏者曰四夷，四夷之外也，中国内也。”[35]这种文化上的自信心和优越感，一直支撑着中国士人的天下观。而在利玛窦的地图面前，文人们突然发现华夏并不等于天下，在这个世界上，中国之外也并非都是蛮夷之地，遥远的欧罗巴文明几乎和中华文明一样灿烂，那里“工皆精巧，天文性理无不通晓，俗敦实，重五伦，物汇甚盛，君臣康富，四时与外国相同，客商游遍天下”。延续几千年的“夷夏之分”瞬间突然倒塌，这种冲击是可想而知的。

所以，利玛窦的地图受到了不少人的批评。晚明文人李维桢（1547—1626）看到地图把中国画得很小，生气地认为利氏“狭小中国”。那些坚决反对传教士的人更是怒不可遏地说：“乃利玛窦何物？止外国一狡夷耳！”利玛窦把中国所在地说成是“亚细亚洲”，这些人又拿出《尔雅》、《说文解字》，考证“亚”字就是“小”、“次”，就是“丑”、“微”，反正不是好意思，以此指责利玛窦居心叵测。

拥护、赞同利玛窦地图的人也不少。刻印《山海舆地全图》的郭子章（1542—1618）说，“利生之图说是中国千古以来未闻之说者。”不少文人在接受利玛窦的世界观的同时，开始逐渐走出“华夏中心”的传统观念。和传教士多有接触的瞿式穀说：“且夷夏亦何常之有？其人而忠信焉，明哲焉，元元本本焉，虽远在殊方，诸夏也！”[36]在他看来，像利玛窦这样的西洋人，忠厚老实，思想深刻，待人本分，虽然远在几万里之外，但那里也和华夏同样是礼仪之邦。1602年李之藻在《坤舆万国全图》的序中说：“昔儒以为最善言天，今观此图，意与暗契。东海西海，心同理同，于兹不信然乎？”李之藻已经完全突破了“夷夏之分”的思想，改以一种开放的态度看待东方和西方，力求会通中西。

一幅地图，是一种新的世界观和文化观。利玛窦的地图，从文化上第一次打破了中国几千年的“华夏中心论”，就此而言，给予它再高的评价也不为过。

第二，它打破了“天圆地方”的传统观念。在中国第一个宣传地圆说的并不是利玛窦，而是道明会传教士高母羡（Juan Cobo，?—1592）。他写了一本《无极天主正教真传实录》，明确提出了地圆说，但这本书在中国并无流传，直到1952年方豪才在西班牙国家图书馆里发现它。而利玛窦的地图是广为流传的，他在地图中说：“地与海本是圆，而合为一球，居天球之中，诚如鸡子黄在清内。有谓地为方者，乃语其定而不移之性，非语其形体也。”对见到这些文字的中国文人来说，

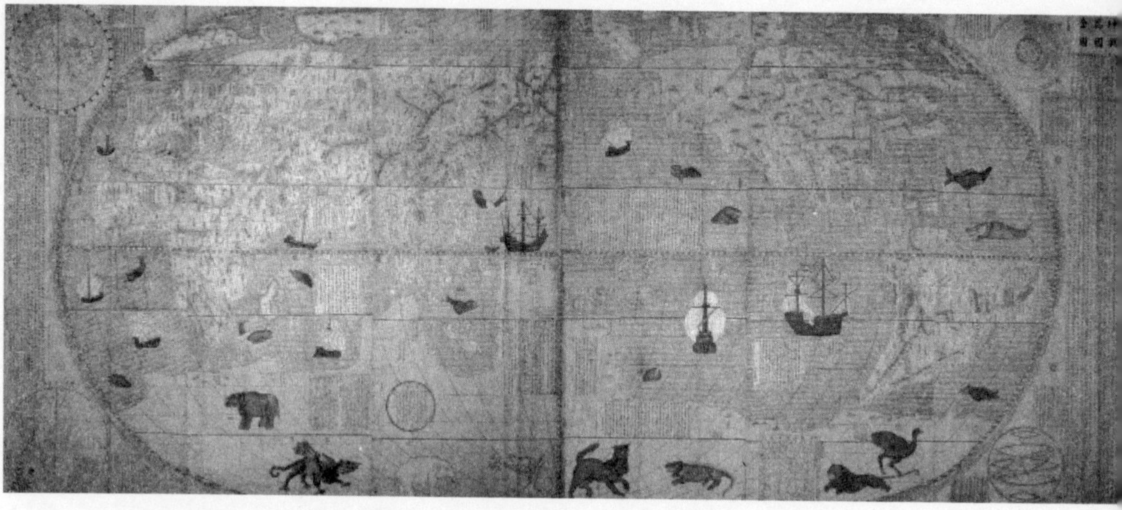

《坤舆万国全图》南京博物院藏本

地圆学说带来的震撼是前所未有的。杨廷筠说："西方之人，独出千古，开创一家，谓天地俱有穷也，而实无穷，以其形皆大圆，故无起止，无中边。"利玛窦自己也说，他令中国整个思想界感到震惊，因为几千年来，他们才第一次从他那里听到地球是圆的。[37]

当然，反对者也大有人在。张雍敬便反驳说，如果地球是圆的，地球四处都有人，那么在球下面的人岂不是头朝下站着，球两边的人岂不是横躺在球面上？这些问题今天看来是很可笑的，但当时张雍敬的观点得到了很多人的赞同。

对利玛窦引入的地圆说还有另一种看法，即这在中国古代早已有之，并非西洋人所发明。清初天文学家梅文鼎便说："地圆之说，固不自欧逻西域始也。"这涉及到中国古代的"浑天说"理论，汉代天文学家张衡（78—139）认为，"浑天如鸡子，天体圆如弹丸，地如鸡子中黄，孤居于内，天大而地小。"实际上，这种"浑天说"仍是主张"天圆地方"的。更重要的是，中国古代的"浑天说"只是一种理论设想，而西方的地圆之说是大航海后经过实践证明的。

西方地理学传入中国的另一部重要著作是艾儒略和中国文人杨廷

筠合作出版《职方外记》。《职方外记》明刊本署名是“西海艾儒略增译，东海杨廷筠汇记”，所谓“增译”，艾儒略在书的序言中说：“兹赖后先同志，出游寰宇，合闻合见，以成此书。”这些“同志”就是前后来到中国的耶稣会士庞迪我、熊三拔（Sabbathinus de Ursis，1575—1620）、邓玉函、鄂本笃（Benoî de Goës，1562—1606）等，艾儒略根据他们带来的西方地理学书籍，以及他们在世界各地的所见所闻，加以翻译和整理而成此书。

很可能是出于杨廷筠的主意，这本书的名字很有特点。在中国周代（前1046—前256）的官职中，就有“掌天下之图，以掌天下之地”的“职方氏”。传统的“职方记”中，无非是“四夷”、“八蛮”、“七闽”、“九貉”、“五戎”、“六狄”这些地方，这就是中国人心中的天下。艾儒略的书以《职方外记》为名，就是要告诉中国人，在你们传统观念的天下之外还有天地，用意十分明显。

全书一共五卷，卷首为《万国全图》和五大洲分图；第一至四卷分别介绍了亚细亚、欧罗巴、利未亚（非洲）、南北亚墨利加（南北美洲）和墨瓦腊泥加（南极一带）；第五卷为四海总说，包括海名、海岛、海产、海道等。书中还详细地介绍了当时西方最新的地理知识，如讲到了哥伦布发现新大陆，这也是传教士第一次向中国介绍哥伦布。研究者认为，艾儒略的这本书“不单对中国人来说是一部陌生的世界地理，而且对西方来说也是一部有着17世纪最新材料的世界地理”。[38]

《皇舆全览图》与《乾隆内府舆图》

清初在介绍西方地理学方面影响最大的是南怀仁。1676年，南怀仁绘制了一幅世界地图，名为《坤舆全图》。这幅地图尺幅很大（179×432厘米），它包括两个半球图，共有八个屏幅。在绘制时，南怀仁充分吸收了他的耶稣会同事的成果，并和利玛窦一样，采取了尊重中国传统天下观的做法，把中国放在世界的中央。与利玛窦不同的是，南怀仁的地图是给康熙看的，所以地图上署的是他的官名，完全看不出其传教士的身份。正因这样，它没能像利玛窦的地图那样得到很多文人的赞扬，也没有文人为其写序。

这幅地图的缺陷在于，它没有很好地吸收利玛窦地图的中文译名，有很多地名的翻译读起来很奇怪。但南怀仁的地图比利玛窦的地图更好看，因为他在地图上绘制了十四种饰物，如飘动的云、圆月、被风吹起的三维帆等，这些增加了地图的吸引力。不仅如此，南怀仁的地图在许多方面比利玛窦的地图更为精确，例如对东亚地形的描绘、对中国曲折的东海岸的绘制都更好一些。

为了让康熙在看地图时更为方便，南怀仁又围绕这幅地图写了三本书：《坤舆图说》、《坤舆格致略说》和《坤舆外记》。这三本书在清代被多次翻刻，《坤舆图说》和《坤舆外记》分别被收入皇家丛书《古今图书集成》和《四库全书》之中，可见其被重视的程度。

南怀仁所呈地图是康熙接触西方绘图的开始，此后他逐渐注重绘图在治理国家中的重要性。法国耶稣会士冯秉正（Moyriac de Mailla，1669—1748）在给友人的信中曾说到这一点，“（康熙）觉察到传教士进呈御前的欧洲地图十分清晰，完全符合天体现象，而中国地图则远非如此完美，他通过内阁颁布上谕，令欧洲人和鞑靼人以公费测绘整个帝国，并绘出全国地图。”冯秉正所讲的“全国地图”，就是康熙时代由传教士参与绘制的《皇舆全览图》。

《皇舆全览图》的正式测量始于1708年6月。白晋、雷孝思（Jean-Baptiste Régis，1663—1738）和杜德美（Pierre Jartoux，1668—1720）在康熙的安排下开始测量长城的确切位置，从而拉开了这个巨大测绘工程的序幕。参加各地测绘工作的传教士还有麦大成（Jean-François Cardoso，1676—1723）、费隐（Xavier-Ehrenbert Fridelli，1673—1743）、汤尚贤（Pierre-Vincent de Tartre，1669—1721）等。1714年，康熙又派在钦天监学习过数学的理藩院主事胜住、喇嘛楚儿沁藏布和兰木占巴三人前往西藏测绘，测量人员一直到达了恒河流域。

到1717年，各地的测绘工作基本完成，康熙将绘制全图的工作交给杜德美，次年全图合成完成。《皇舆全览图》是康熙朝中西文化交流的重要事件，也是康熙生平所做的大事之一，正如大臣们所说，这是“从来舆图所未有也……皇上精求博考，积三十年之心力，核亿万里之山河，收寰宇于尺寸之中，画形胜于几席之上”。[39]

这幅地图也是当时世界上最大的地图。地质学家翁文灏（1889—1971）说：“十七、十八世纪间欧洲各国大地测量亦尚未经始，或未完成。而中国全图乃告竣，实为中国地理之大业，虽出异国专家之努力，亦足见中国计划规模之远大焉。”[40]

后来《皇舆全览图》被送往巴黎，由当时法国最有名的匠师安维尔刹雕成铜版，印刷了120套，在当时的欧洲引起了巨大的反响。

1755年，乾隆皇帝举兵收复伊犁后下令：“准噶尔诸部尽入版图……其山川道里，应详细相度，载入皇舆图，以昭中外一统之盛。”[41]由此，开始了《乾隆内府舆图》的绘制。参加绘制工作的主要有传教士蒋友仁（Michel Benoit，1715—1774）、高慎思（Joseph d'Espinha，1722—1751）、傅作霖（Félix da Rocha，1713—1781）、鲍友管（Antoine Gogeisl，1701—1771）、刘松龄等，以及清朝大臣刘统勋、何国宗等。

1760年，在康熙朝《皇舆全览图》的基础上，同时吸收了乾隆朝1756年、1759年两次在新疆、西藏等地的测量成果，编绘成全国实测地图《乾隆内府舆图》。由蒋友仁制成铜版104块，以纬度5度为1排，共13排，故又称《乾隆十三排》。“《乾隆内府舆图》不仅是一幅历来被认为是奠定了今天疆域版图的中国全图，同时也是当时世界上最早、最完整的亚洲大陆全图，其覆盖面积远远超过康熙图。”[42]

李约瑟在《中国科技史稿》中称《乾隆内府舆图》“不仅是亚洲当时所有地图中最好的一种，而且比当时所有欧洲地图都更好、更准确”，它表明“中国在制图学方面又一次走在了世界各国的前面”。[43]

在清代地理学史上，乃至整个中国地理学史上，《皇舆全览图》和《乾隆内府舆图》都有着重要的意义。

首先，它们是中国历史上第一次在实测经纬度的基础上绘制的地图。当时传教士们所使用的主要测绘方法是三角测量法。雷孝思在给友人的信中说："因为我们尺不离手，精确分割半圆，在两地间多设测定点，使之连成环环相扣的三角网。持续进行三角法测量，还有其有利之处，这可以测出一地的经度、纬度，以后通过测定太阳或北极星在子午圈的高度加以校正。"[44]这是当时世界上最先进的测量地形方法。

其次，它们对中国清代的地图绘制产生了重要的影响。清政府后来所绘制的一些重要地图，如道光十二年（1832）的《皇朝一统舆地全图》，同治二年（1863）的《大清一统舆图》都是在它们的基础上改进而成的。同时，它们也成为外国人绘制中国地图的蓝本，如1735年法国人唐维尔（D'Anville）所绘制的《中国分省图》、《满蒙藏图》，均以之为蓝本。

这两幅地图的绘制过程也是中西文化交流的过程。在清中期以前的地图绘制中，来华传教士起着重要或者说主导的作用。但这两幅地图的绘制并不是传教士的单纯的科学活动，而是清王朝的国家行动，如果没有康熙和乾隆的大力支持，它们几乎是不可能完成的。在这一过程中，传教士带来了欧洲新的绘制地图方法，并得到了中国官方的认可，从而使中国原有的地图绘制方法开始分化。

传教士在中国绘制的地球仪，1623年。

《皇舆全览图》和《乾隆内府舆图》多次刻版刊印，还有摹绘本流传，在民间也产生了一定影响。但中

国传统的地图绘制方法仍然存在，康熙朝以后各地的地方志中大量绘图仍采用传统方法，不注经纬，也不说明比例。所以有学者认为，“清统治集团上层的制图观念深受西方的影响，某种程度上接受了西方制图术；而地方上的地图绘制者从总体上说未被朝廷所引进的新的测绘方法和观念所触动。”[45]

中国地图的西传

来华传教士不仅向中国介绍西方的地图，同时也向西方介绍中国的地图。最早开始绘制中国地图并带回西方的是意大利耶稣会士罗明坚。罗明坚的这部地图名为《中国地图集》，它一直深藏在罗马国家图书馆，1987 年才被发现，1993 年经过整理后正式出版。

这本地图集共有 37 页说明和 28 幅地图，有以下几个特点：

一，首次较为详细地列出了中国的分省地图。罗明坚介绍了中国的15个省份，并对每个省份都进行了分析性的说明，包括该省的方位、农业生产、矿产、河流，以及各省之间的距离和边界等。

二，首次向西方介绍了中国的行政建构，这正是当时欧洲感兴趣的问题。他按照从“省”到“府”、“州”、“县”的顺序，逐一介绍每个省的主要城市，甚至连各地驻军的场所“卫”和“所”都有介绍。所以后来这本地图集的编辑者说：“这部作品最突出之点是作者试图准确

罗明坚《中国地图集》封面

地说明中国大陆的行政机器在形式上的完善性。”

三，突出了中国南方的重要性。罗明坚的介绍不是从帝国的首都北京开始，而是从南方沿海省份逐步展开。因为对当时的欧洲人来说，他们更关心的是与他们贸易相关的中国南部省份。

在向西方介绍中国地图方面，罗明坚之后最重要的人物是波兰人卜弥格。追随南明王朝的他被永历帝选为特使派往罗马求援，虽然他没能挽救南明王朝的命运，但这位“中国使臣”在梵蒂冈图书馆留下了一本珍贵的《中国地图册》，其中包括1张中国全图、15张当时中国的行省图、1张海南岛图和1张辽东地图。

这本地图册的最大特点在于比较详细地介绍了中国的人文地理。在每幅地图上，卜弥格都写有说明文字，德国汉学家福克斯（Walter Fuches）把这些说明文字分成十章：一，中国人的起源，他们认为什么样的上帝才是造物主；二，中国人认为他们的国土是什么样子，他们如何描绘自己的地理位置，他们对天空、日月的运行有什么样的概念，他们根据什么来计算年月；三，古代的“丝国”和“契丹”是不是中国，中国这个名称是怎样来的；四，最早的中国人，中国人的皇

葡萄牙人1571年绘制的东方地图

帝和皇帝谱系；五，中国的幅员、人口、省份、城市、黄河和长江；六，中国的农业、贸易，居民的服装、礼仪和品德；七，中国的语言、书籍、文学发展的水平、高雅的艺术；八，中国的教派，澳门市；九，沙勿略、利玛窦和其他来华的耶稣会士；十，讲授福音的情况和对未来的展望。通过这些丰富的内容可以看出，卜弥格的《中国地图册》实际也是一本介绍中国各方面情况，尤其是人文地理的图书。

卜弥格还在地图册中对《马可·波罗游记》中的介绍进行了对比性研究。因为当时欧洲并不清楚“契丹”和“中国”的关系，不少人认为这是两个国家，卜弥格为此下了很大力气，来证明马可·波罗笔下的“契丹”就是“丝国”和“中华帝国”。可以说，卜弥格是近代以来欧洲最早的马可·波罗研究者。

卜弥格的地图虽然从来没有发表过，但它在早期耶稣会的制图学中占有很重要的地位，因为它是最早向西方世界提供的一部绘制详尽的中国地图册。[46]

在西方真正产生重大影响的中国地图是意大利耶稣会士卫匡国的《中国新图》。罗明坚和卜弥格的地图虽然早于卫匡国，但都长期没有出版，只是放在图书馆中，除了少数地理学家翻阅和研究过外，一般大众根本不知道有这两本地图册。而卫匡国的《中国新图》却在西方一版再版，甚至到1840年鸦片战争后，西方传教士再次来中国传教，以及那些殖民者想来中国淘金时，手头拿的还是卫匡国的这本地图册。

《中国新图》共有17幅地图，其中中国全国地图1幅，各省分图15幅，附日本地图1幅。从西方汉学史的角度而言，这本地图册有着重要的学术和文化意义。它是在欧洲出版的第一份有分省图的真正的中国全图。在欧洲出版的第一幅中国地图是1584年奥泰留斯（Abraham Ortelius）在其著作《地球大观》中所附的中国地图，但其中错误百出。之后，从中国返回欧洲的耶稣会士曾德昭（Alvare de Semedo，1585—1658）在他的《大中国志》中附有一张中国地图，但只是作为附录。

此外，卫匡国的地图更为精确。在之前的欧洲人绘制的中国地图中，东海海岸线都很不准确，基本上是一条直线，把山东半岛给截掉了，同时朝鲜半岛也不和中国大陆相连。这些问题在卫匡国的地图中都得到了解决。

《中国新图》还是在欧洲出版的第一本中国地理志。这份地图册同时有文字两百多页，实际上是一部以文为主，以图为辅的著作。例如在介绍浙江绍兴时，书中说："绍兴师爷闻名全国，博学、善辩、刁钻是他们的特点。在中国，几乎所有官员的师爷都来自绍兴。"能以如此细致而准确的笔墨介绍中国一座并不太大的城市，实在让人吃惊。

经由《中国新图》的介绍，一个幅员广大、美丽富饶、神秘多彩的中国第一次展现在欧洲人面前。

穷理学：西洋学问之总汇

1683年，南怀仁向康熙进呈了一本名为《穷理学》的著作，在奏疏中他说："进呈《穷理学》之书，以明历理，以开百学之门，永垂万世。"他认为《穷理学》是"百学之根"，如要学习西学，最重要的是要学好《穷理学》。

当年南怀仁进呈的《穷理学》有六十卷之多，但现在保留下来的只有十余卷。留存的这些卷目中，最重要的内容是李之藻和葡萄牙传教士傅泛际（François Fuetado，1587—1653）合作翻译的亚里士多德逻辑学"推理"部分的内容。除此之外，《穷理学》还汇集了当时传教士翻译西方各类科学著作的译本，可以说是当时西方传教士所介绍的西学总汇。所以，本章以"穷理学：西洋学问之总汇"为题目，介绍明清之际传教士向中国介绍的，除天文历算、地理学之外的其他西方自然科学知识。

西方物理学与机械学的传入

"嫦娥应悔偷灵药，碧海青天夜夜心"，诗人李商隐（813—858）的这首千年绝唱写出了中国文人夜夜遥望星空的心情。在耶稣会士来华以后，遥远的星空便可以更清晰地呈现在人们面前了，这是因为汤若望将望远镜介绍给了中国人。

1609年，伽利略制成了世界上第一架望远镜，次年他根据观察撰

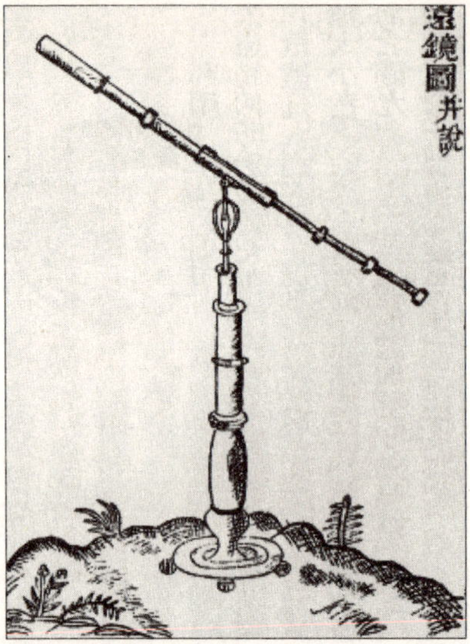

汤若望《远镜说》附图

写了《星际使者》。16年后，汤若望写下《远镜说》，将伽利略望远镜的原理介绍给中国，这也是西方近代光学知识在中国的首次传播。从文化交流来看，在四百年前，这一知识传播的速度是相当快的。《远镜说》后被收入《西洋新法历书》，乾隆年间被收入《四库全书》，在文人中有着广泛的影响。除了将欧洲的新式天文望远镜带入中国外，汤若望还负责监制了中国第一架望远镜，于1634年正式安装使用。

由于中国是农业大国，在传教士介绍的西方科学中，有关农田水利的科学格外受到重视。1621年，熊三拔所著《泰西水法》在北京刊印。这是第一部向中国介绍西方农田水利技术的著作，集中了当时欧洲水利工程科学的精华。后来徐光启在撰写中国古代农业科学的大成之作《农政全书》时，其中水利部分内容全部都采自《泰西水法》。

《远西奇器图说录最》是晚明时向中国介绍西方物理学的重要著作，由德国传教士邓玉函口述，王征笔录并绘图，明天启七年（1627）在北京刊印。王征在书序中说，他赴京候任，结识了龙华民、邓玉函、汤若望三人，在他们的引导与启发下，对“远西奇器”产生兴趣，萌发出要将之译成中文的念头。他跟从邓玉函学习测量、计算、比例等知识，终于“信笔疾书”记下了邓玉函的口授。

全书共分四卷。第一卷为绪论，介绍力学的基本知识和原理，并分别讨论了地心引力、各种几何图形的重心、各种物体的比重等，阿基米德浮力原理也首次被介绍给中国；第二卷为器解，讲述了各种简单机械的原理，如天平、杠杆、滑轮、轮盘、螺旋和斜面等；第三卷为机械原理应用，共绘有54幅图，包括起重、引重、转重、取水、转磨等，每幅图后均有说明；最后一卷为“新制诸器图说”，共载九器，包括虹吸、自行磨、自行车、代耕、连弩等，这一卷实际是王征自己的研究，可以说是中国人第一部近代物理学著作。

在《远西奇器图说》的基础上，王征进一步发挥，于69岁时写成《额辣济亚牖造诸器图说》，书中收录了运重机器、千步弩、十矢连发弩等他自己的新设计。

李约瑟将王征称为中国近代第一位工程师。王征已完全摆脱了传统儒家的那些迂腐观念，对西方学说采取一种开放的心态。他说：“学原不分精粗，总期有济于世；人亦不问东西，总期不违于灭。”他认为自己书中所介绍的一切，“实有益于国家兴作甚急也”。

明清鼎革，清人关主政。这一时期，介绍西方物理学和机械学知识最多的是南怀仁。南怀仁在介绍西方天文学时，就已经涉及到不少物理学知识，如他的《灵台仪象志》等书中就包含有光的折射、散射等西方近代光学知识。

《远西奇器图说》中的水力计时器

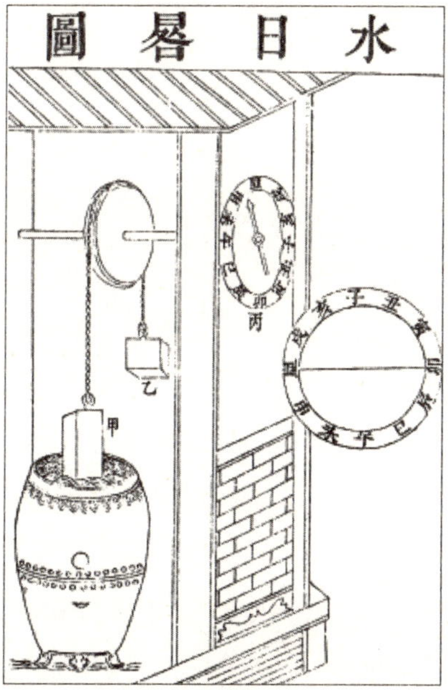

南怀仁是个动手能力很强的人，他亲手制作了很多物理仪器和机械用具。1679年左右，他制作了温度计和湿度计送给康熙。最令人震惊的是，南怀仁在北京制作了一辆燃气自动车，这可以称得上是世界上第一辆“汽车”。

在《欧洲天文学史》一书中，南怀仁详细介绍了这辆燃气自动车。他说：“三年前（注：应为1678年或1679年），我在研究蒸汽之力时，曾用轻木制

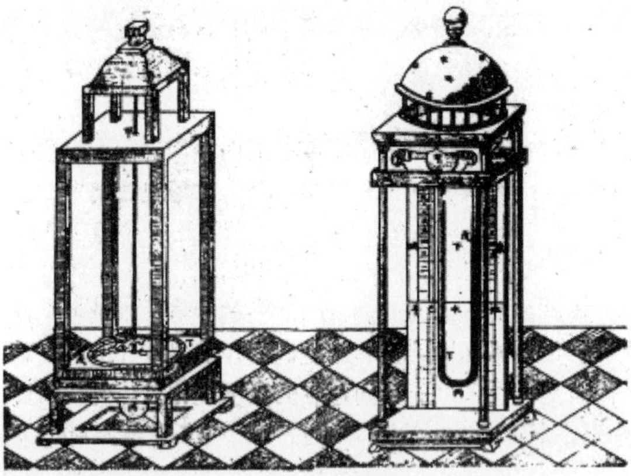

南怀仁制作的湿度计（左）和温度计（右）

作了一辆四轮小车，车长二尺，极易转动。车子中部设一火炉，炉内满装燃烧之煤，炉上放有汽锅。在前轮的轴上装一个青铜制的齿轮，其齿横出，与轴平行。该齿轮与另一立轴上的齿轮啮合。立轴转动时，车子就会运动。在立轴上，又装了一个直径一尺的轮子，轮缘四周装置翼状小叶片。当蒸汽由汽锅经一细小管子向外猛烈喷射时，冲击到这些小叶片上，气流就使整个轮子快速转动，结果车子就被推动。在相当的速度下，车子可行使一小时以上，只要汽锅内持续有蒸汽流喷出。”[47]南怀仁还为这辆蒸汽车设计了闸和方向盘，使之能跑、能停、能转弯，基本上具备了现代汽车的主要功能。

虽然南怀仁的自动车主要是供康熙皇帝玩赏，并未对现代汽车的发展产生过影响，但在蒸汽车历史上具有非常重要的地位。如方豪所说："南怀仁之试验，其眼光及应用范围，实较西洋同时期者为远大。就利用蒸汽为行车之原动力言，较司蒂芬孙（Stephenson）之火车早150年；就利用蒸汽为轮船之原动力言，较西敏敦（Symington）之轮船早120年；就利用蒸汽为汽车之原动力言，较波尔（Bolle）之蒸汽车早200年。若就利用汽轮于轮船言，早于帕孙兹（Parsons）218年；就利用汽轮于火车言，则早于翁斯脱隆（Liungström）243年。故在世界热机史上，南怀仁之试验及其广泛之建议，实为勃朗伽（Giovanni

Branca）发明锥形冲动式汽轮后，所当大书特书者。”[48] 今天，比利时的汽车博物馆里还陈列着一尊南怀仁塑像，这是汽车行业对其贡献的认肯。

制造各种机械玩具供皇帝玩赏，一直是来华传教士博取皇帝好感和信任的重要手段。早年葡萄牙传教士安文思在宫中时就制造过一些好玩的机械玩具，讨好年幼的康熙。有一次他献给康熙一个机器人，“右手持剑，左手持盾，能自行行走，亘十五分钟不息”；又有一次献自鸣钟，“每小时自鸣一次，钟鸣后继以乐声，每时乐声不同，乐止后继以枪声，远处可闻”。[49]

法国耶稣会士蒋友仁步安文思后尘，他制造的机械器具深得乾隆皇帝赏识。其中乾隆最欣赏的，是蒋友仁为圆明园设计的喷泉。他在大水法前设十二生肖代表十二小时，随着时间变化，十二生肖轮流喷水，周而复始。

法国耶稣会士汪达洪（Jean-Mathieu de Ventavon，1733—1787）在给友人的信中说：“我作为钟表匠被召至皇帝身边，不过说我是机械师更为恰当，因为皇帝要我做的其实不是钟表，而是稀奇古怪的机器。在我到达前一些时候去世的杨自新（Ir.Gilles Thebault，？—1766）修士为皇帝制造了机器狮子和老虎，它们能独自行走三四十步。现在我负责制造两个能拿着一盆花走路的机器人。我已经干了八个月，还需要整整一年方可完成。”[50] 汪达洪后来还为乾隆制造了抽气机，并向其讲解抽气机的原理和操作方法。

南怀仁制作的机动船

从世界机械制造发展历史来看，1662 年日本人竹田近江利用钟表技术发明了自动机器玩偶，并在大阪演出，这和安文思为康熙制造机器人的时间大体接近。而如果和欧洲相比，安文思的机器人要早于欧洲本土第一个机器人。1738年，法国技师杰克·戴·瓦克逊发明了一只机器鸭，它会嘎嘎叫、游泳、喝水，还会进食和排泄，这大体和杨自新为乾隆制造机器狮子和老虎的时间接近。

来华传教士在清宫内制造的蒸汽自动车、机器人、抽气机等，在当时都是最新的机械发明。但它们大部分没有走出皇宫，没能真正转化为民间实用的技术，这不能不说是一个很大的遗憾。

尽管如此，通过传教士与中国文人学子的接触，这些科学技术还是得到了一些有识之士的关注。明末的方以智就是这样一个典型。他在自己所写的《物理小识》一书中讲天文历算，研风雨雷电，画人体脏器，内容大致可与西方的天文学、地理学、医药学、矿物学、植物学、动物学、心理学等相通，其中的知识大都来自传教士。

“红衣大炮”与明清历史的变革

西方的物理、机械知识被介绍到中国后，虽然主要被用于为清帝制造玩赏之物，但仍有些技术对中国历史的发展产生了较大影响，被称为“红衣大炮”的西洋火炮就是其中之一。

利玛窦在《几何原本》中已经间接地介绍过西洋火器，汤若望《火攻挈要》也介绍了火炮的使用方法。当时不少中国文人也开始对西洋火器进行研究。张焘和孙学诗合著有《西洋火攻图》，孙元化著有《西法神机》，赵士桢（1552—1611）著有《神器谱》。

中国台湾学者黄一农在他的《红衣大炮与明清战争：以火炮测准技术之演变为例》一文中认为，西洋大炮的技术优于中国火炮之处主要在瞄准系统。他说：“中国虽早在13世纪中叶已发明火炮，并于明代成为军队作战的‘长技’，但几乎所有明以前的兵学著述中，均不曾定性或定量地论述火炮瞄准技术。相对地，西方的自然科学家则一直在尝试寻找一个正确的表述方式，以描述炮弹的运动。”在晚明传教士

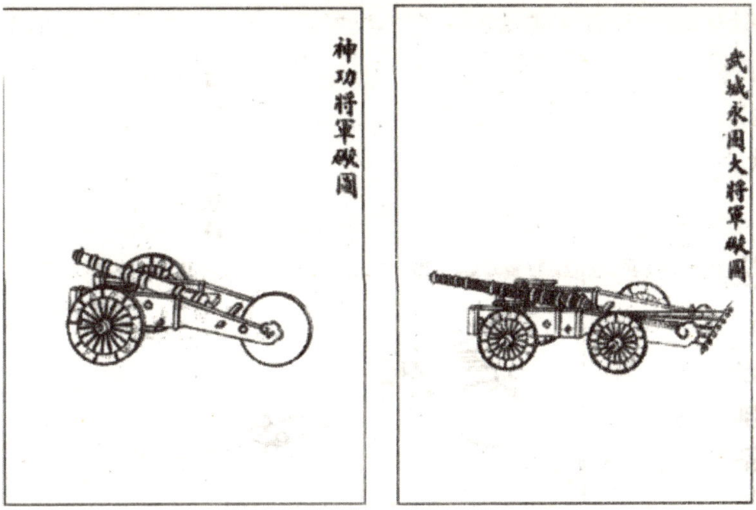

南怀仁设计的神威将军炮图样，见于《钦定大清会典 · 武备》。

介绍西方火炮的著作中，已经将火炮和数学紧密结合起来，介绍了西方火炮的瞄准系统和方法。

明朝末期，为对抗后金，明王朝曾三次从澳门引进火炮。第一次是万历四十八年（1620），徐光启当时在通州练兵，他曾上疏要求派人入澳招募人铳，万历未批。于是徐光启利用万历帝驾崩，新帝刚即位之机，写信给在杭州的教中人士李之藻与杨廷筠，要求李之藻派张焘、孙学诗秘密入澳购炮。其间传教士毕方济、陆若汉（Joao Rodriguea Tizzu，1561 — 1634）等人参与了此事。由于这次购炮是徐光启等人的个人行为，他们只买了4门炮，雇了4名炮手。但徐光启的行为并未得到熹宗（1621 — 1627在位）的支持，而且遭到反对派的强烈批评，他被迫暂停练兵。

天启元年（1621），明朝与后金在辽东的战局紧张，徐光启和李之藻重新受到熹宗重用。他们又派张焘和孙学诗前往澳门购炮，此次购得24门炮，并随同24名铳师一起进京。这支炮队于1623年5月受到了熹宗的接见，并在北京做了三场试炮表演。其间有葡萄牙炮手在演练中失手死亡，这样反对派找到理由，熹宗也称葡人在北京水土不服，让这支炮队返回了澳门。

天启七年（1627）与后金的宁远之役中，明军由于使用了西洋大炮，获得胜利。明政府更加认识到西洋火器的威力。崇祯元年（1628），明朝再次到澳门购炮募兵。这次澳门派出了由传教士陆若汉陪同，葡萄牙军官公沙（Goncalves Teixeira，？—1632）为领队的32人队伍，携带40门大炮前往北京。在到达北京附近的涿州时，由于后金军队已经逼近，城中混乱。这支炮队很快修筑工事与敌军相持，不久，后金军队自动撤回。1630年2月，这支炮队进入北京，并进宫参拜了崇祯皇帝。

17世纪20年代至30年代，明王朝三次输入西铳西兵。其间，在是否引进西铳西兵问题上，朝廷内部始终存在着斗争，以徐光启为代表的天主教政治集团和以广州商人及保守势力为代表的力量不断进行着博弈。而澳门议事会和耶稣会想通过献西铳西兵的方式，帮助明王朝抵御后金的侵扰，同时也加强以徐光启为代表的天主教政治集团的力量。总之，晚明时西洋军事科学技术的引进，始终是和明朝内部与外部各种政治势力的斗争连在一起的。

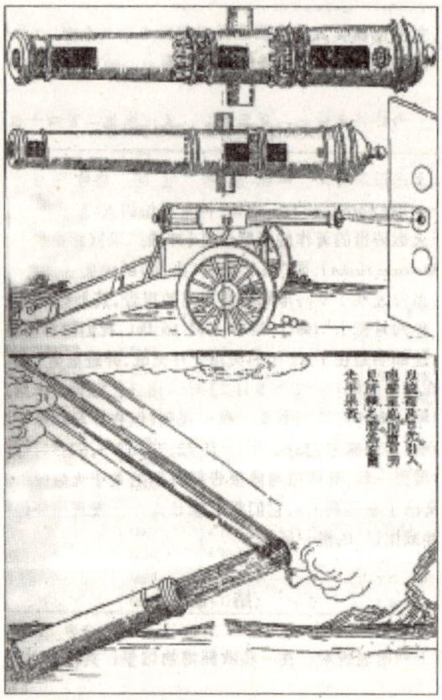
南怀仁《神威图说》中的两页，藏于罗马耶稣会档案馆。

这种科技与政治的关系在山东登州事件后更为明显地表现了出来。崇祯四年（1631），随着后金开始对朝鲜半岛入侵，山东登州一下成为抗击后金的前线。此时在登州主持军务的是徐光启的弟子孙元化，天主教徒王征、张焘及传教士陆若汉，还有公沙和他率领的葡萄牙铳师都在登州协助孙元化。由于孙元化的部下孔有德（约1602—1652）在登州附近的吴桥发动兵变，明军大败，公沙和十余名葡萄牙铳师战死。后来孔有德和耿仲明（1604—1649）率部投降后金，携走了大量红衣大炮等西洋精良武器。这支由葡萄牙人训练、掌握了西洋火器先进技术的军队成为了后金的主力，从此明朝和后金的军事力量发生了显著的变化。如黄一农所说，“孙元化和徐光启完全不曾预料他们借助西洋火器和葡籍军事顾问所装备和训练的精锐部队，竟然大部分转而为敌人所用。”[51]

在明末清初的战争中，对西洋火炮的掌握和使用，成为各种政治力量相互较量的重要砝码，并在明清政权更迭的巨变中产生了不可忽视的作用。

清康熙朝时，南怀仁奉旨进一步研究火炮。康熙二十年（1681），南怀仁制成铜炮320门，康熙钦定名为“神威将军”。由于南怀仁向士兵传授了新的西式瞄准法，发炮的准确率大大提高。康熙二十八年（1689），南怀仁又铸成“武成永固大将军”。从康熙十四年到六十年（1675—1721），清政府所造的大小铜炮、铁炮多达905门，其中半数以上是由南怀仁负责设计监造的。就质量而言，其工艺之精堪，造型之美观，炮体之坚固，为后朝所莫及。[52]这些火炮，在康熙朝最重要的三大政治事件——平定三番、统一台湾、抗击沙俄侵略中，都发挥了特殊的作用。

西洋自鸣钟与中国近代钟表制造业[53]

从西洋传教士来到中国，钟表就随之传到了中国。罗明坚曾送给广东一位官员一台大自鸣钟，他将此钟改装成合乎中国观念的十二时辰，还把钟上的阿拉伯数字改为了汉字。在利玛窦送给万历皇帝的礼物中，也有自鸣钟，利玛窦就是靠修理自鸣钟，才得以进出明朝皇宫。

清康熙年间，先后有六位传教士在宫中从事钟表制造：安文思、陆伯嘉（Jacques Brocard，1661—1718）、杜德美、林济格（François-Louis Stadlin，1658—1707）、严嘉乐（Charles Slaviczek，1678—1735）、

安吉乐（Angelo Pavese）。在这些传教士的努力下，清宫的造表技术不断提高。康熙四十七年（1708），江西巡抚向康熙进贡了一件西洋钟，康熙说："近来大内做的比西洋钟表强远了，以后不必进。"[54]这表明此时宫中的钟表制造已经达到相当的规模和水准。康熙还将钟表分给他的皇子皇孙，雍正在《庭训格言》中就说："少年皆得自鸣钟十数以为玩器。"

到乾隆时期，清宫的造表技术有了更大的发展。乾隆本人对西洋钟表一直有很大的兴趣，他时常让两广总督留意收集新的西洋钟表。后来，他感到仅靠引进是不够的，就进一步加强了让宫中传教士制作钟表的工作。康熙朝已经设立的"做钟处"到乾隆朝时发展到顶峰，人员最多时有一百多人。对那些制作钟表有功的传教士，乾隆还常有褒奖，如法国传教士沙如玉（Valentin Chalier，1697—1747）就曾两次得到过乾隆的奖赏。根据现存的《做钟处钟表细数清册》统计，从乾隆十一年到二十年（1746—1755），"做钟处"生产钟表44件，从乾隆二十二年到五十九年（1757—1794），"做钟处"生产的钟表保存在宫中的就达116件。

最早传入中国的计时器，时间约在13—14世纪。

现在，北京故宫博物院收藏有大量18世纪的西洋钟表，其中既有康乾时期由欧洲输往广州，再由粤海关监督购置，作为贡品贡进内廷的；也有"做钟处"的传教士和中国匠人在宫内生产的；还有一些是英、法、瑞士等国家的使节作为礼物赠送给中国皇帝的。当时欧洲和中国的钟表贸易量比较大，以至法国思想家伏尔泰（Voltaire，1694—1778）也曾设计了一个和中国做钟表贸易的庞大计划，只是这个计划最终并没成功。

故宫所藏的这些西洋钟表大多数为铜质镀金，外观金碧辉煌，造形精致，许多钟表都装饰有色彩鲜艳的珐琅绘画，所绘人物、鸟兽栩栩如生。工匠们很好地利用了玻璃镜的反光折射作用，使它们看上去更加眩目。这些钟表的内部构造复杂，几乎都设有各式转花、跑人、水法、转轮等机械装置，随着时针的移动，钟表里的人物、鸟兽会有不同的动作，并不时演奏出悦耳的乐曲。例如现存故宫的最大的玩具钟表“铜镀金写字人钟”，高231厘米，一旦上好弦，表中间的机器人就可以写下“八方向化，九土来王”的汉字。据说这是乾隆皇帝亲自设计的，他退居太上皇后，还将这座钟搬到他居住的宁寿宫，每日坐看把玩。

随着西洋钟表的传入，也逐渐催生了中国民间钟表业的发展。晚明时，江南地区就已经有人模仿传教士制造钟表。清朝时，民间钟表业进一步发展。据学者考察，在康熙中期，南京至少有4家钟表作坊，平均每个作坊每年能制作10架钟。到咸丰元年（1851），南京已经有了40家钟表作坊。嘉庆年间（1796—1820），苏州的钟表制造已经形成专门的行业，钟表匠已经有了自己行业人员的公墓，而且钟表生产也开始有了分工，乡间生产零件，苏州作坊进行组装。

1809年，徐朝俊著成《自鸣钟表图说》一书。徐氏是徐光启的五世孙，由于家学原因对西学一直很关注。他在书的自序中说：“余自幼喜作自鸣钟，举业暇余，辄借以自娱。近日者精力渐颓，爰举平日所知所能，授徒而悉告之。并举一切机关转捩利弊，揭其要而图以明之，俾用钟表者如医人遇疾，洞见脏腑，知其病在何处。”书中配合大量图示，对钟表的名称、结构、制作、组装、修理等作了详细的分析。此书是中国第一部研究钟表的著作，也是中国近代钟表业走向成熟的标志之一。

由于大量生产和进口，到清中后期，钟表已经相当普及，“城市里的教堂、商馆、衙署及公共建筑，均有安装自鸣钟者；人群中的官员、教士、商贾、仆役、妓女亦有配西洋表者”。当时的官员富商家庭大都收藏西洋钟表，少则十架，多者达数百。著名的大贪官和坤（1750—1799）被抄家时，从家中竟查出钟表近六百件，由此可见西洋钟表流传之广。

西方艺术在中国的传播

明清之际西方文化在中国的传播是全方位的，来华传教士中不仅有天文学家、数学家、物理学家，同时也有音乐家、画家等艺术人才。尤其康熙朝后期“礼仪之争”后，康熙对西方宗教完全失去兴趣，而对西方的科学技术和文化兴趣不减，只要有这方面的人才，康熙一概接受。雍正和乾隆也继承了这一传统。康雍乾三朝因而成为西方艺术传入中国的第一个高峰期。

西乐萦绕紫禁城

西洋音乐的传入，是从葡萄牙人到澳门开始的。晚明王临亨（1548—1601）在《粤剑编》中记载了澳门教堂的管风琴和古琴：“澳中夷人器用无不精凿，有自然乐、自然漏，制一木柜，中笙簧数百管，或琴弦数百条，设一机以连之。一人扇其窍则数百簧皆鸣，一人拨其机则数百弦皆鼓，且疾除中律，铿然可听。”

在《利玛窦中国札记》中，利玛窦说广东肇庆天主教堂内的西洋乐器吸引了很多中国人，“他们羡慕我们的乐器，他们都喜欢它那柔和的声音和结构的新颖”。在此书中，利玛窦还对中西音乐进行了比较，他说：“中国的乐器很普遍，种类很多，但他们不知道使用风琴与翼琴，中国人没有键盘式的乐器……虽然他们自称在和谐演奏音乐领域首屈一指，但他们表示很欣赏风琴以及他们迄今所听过的我们所有的乐器。”

利玛窦进北京时，进呈给万历皇帝的礼物中有“西琴一张”，据考证是当时欧洲流行的“击弦式古钢琴”（Clavichord）。万历让庞迪我到宫中教太监们学习演奏古琴。后来到崇祯皇帝时，这位年轻皇帝常被政务搞得心烦，于是就找来当时在北京的汤若望，让他从仓库中找出利玛窦带来的古琴，修好后演奏，以解心头之闷。

明朝的万历和崇祯两位皇帝都只是偶尔听一下洋人们的“夷曲”，谈不上欣赏。真正喜欢上西洋音乐的是清朝的康熙和乾隆皇帝，也正是在康乾时期，西方音乐才在真正意义上传入中国。

首先应提到的是葡萄牙传教士徐日升。在南怀仁的推荐下，徐日升第一次见到了康熙。康熙听说他的音乐修养很高，就叫南怀仁先演奏一首中国曲子，然后命徐日升弹一遍，结果徐日升弹得丝毫不差，康熙大为吃惊，赞叹“是人诚天才也”。徐日升著有一本《律吕纂要》，这是第一本向中国介绍西方音乐理论的书。书的前半部分介绍西方乐理知识，后半部分介绍中国传统乐律理论。[55] 徐日升写下这本书，是作为教授康熙的音乐课本。白晋后来在《康熙皇帝》中说：“康熙帝要学习西洋乐理，为此起用了徐日升神父。徐日升用汉语编写了教材，指导工匠制作各种各样的乐器，并且教康熙皇帝用这些乐器演奏两三支曲子。”

身着中国官服的德理格

德理格（Pedrini Theodricus，1670—1746）是将西洋音乐传入中国的另一位重要人物。他是在徐日升逝世后来到中国的，由于精通乐理，很快受到了康熙的重视。现存一封经康熙亲自修改过的德理格和马国贤（Matteo Ripa，1682—1745）写给教皇的信，其中讲到传教士在中国讲授西洋音乐之事，“至于律吕一学，大皇帝犹彻其根源，命臣德理格在三皇

德理格创作的奏鸣曲，这是最早传入中国的欧洲音乐作品之一。

子、皇十五子、皇十六子殿下前，每日讲究其精微，修造新书。此书不日告成，此《律吕新书》内，凡中国、外国钟磬丝竹之乐器，分别其必例，查算其根源，改正其错讹，无一不备羡。”[56]由此可以看出康熙对学习西洋音乐的重视，以及德理格在清宫所扮演的西洋音乐教师角色之重要。

德理格同时也是一名作曲家，今天中国国家图书馆仍藏有德理格的一首小奏鸣曲的创作手稿。研究者认为，德里格的这首小奏鸣曲“浓厚的复调风格是与这一时期欧洲音乐相吻合的，与同时代的意大利作曲家斯卡拉第（Scarlati D.）、德国作曲家巴赫（Bach J.S.）的一些作品的风格有相似之处”。[57]这首曲子也是在中国创作的最早的欧洲音乐，具有重要的学术价值。

康熙五十三年（1714），在康熙的亲自主持下，乐律专著《律吕正义》编撰完成。此书与之前历代著述的最大不同，就在于有徐日升、德里格等外国人参与编撰。书中除中国传统乐律内容外，还出现了西洋乐理及五线谱。

其后乾隆皇帝在敕撰《律吕正义 · 后编》时，同样注意到了发挥传教士的作用。乾隆六年（1741），他曾让大臣张照查访宫中熟谙西洋音乐的传教士的情况。张照在奏疏中说：“臣问得西洋人在京师明于乐律者三人：一名德理格，康熙四十九年来京；一名魏继晋（Floran Bahr，1706—1771），乾隆四年来京；一名鲁仲贤（Jean Walter，1708—1759），今年十月内到……德理格能以彼处乐器作中国之曲，魏鲁二人倚声和之立成，可知其理之同也。”

乾隆还组建了中国的第一支西洋乐队。这支乐队的规模不小，包括小提琴10把、大提琴2把、低音提琴1把、木管乐器8件、竖笛4件、木琴1件、风琴1件、古琴1件等。[58]在演奏时，所有演奏者都戴西洋假发，穿西洋古服。据考证，这支西洋乐队大约在宫中活动了十年之久。

清宫中的这些活动对增进整个中国社会对西洋音乐的了解意义并不大，特别是到乾隆时期，西洋音乐完全成了他个人玩赏、消遣的对象。但就音乐理论而言，《律吕纂要》、《律吕正义》等书对西洋音乐在中国的传播还是起到了积极的作用。

中国皇帝与西洋画

西洋绘画的首度传入

西方绘画艺术传入中国也要从利玛窦说起。在利玛窦献给万历皇帝的礼物中，有“天主图像一幅，天主母图像二幅”。他还常将一些西方宗教绘画挂在家中，让来访的文人观看，并重新刻印、发放，作为传教的手段，所以在民间看到利玛窦带来的西洋画的人并不算少。徐光启第一次看到圣母画像后，触动很大，他自己形容为“心神若接，默感潜孚”。据说后来徐光启加入天主教，便与这幅画有一定的关系。

文人们自然也注意到了利玛窦所展示的西洋画与中国传统绘画截然不同的技法。顾启元在谈到圣母画像时说：“所画天主乃一小儿，一妇人抱之，曰天母。画以铜版为桢，而涂五彩于上，其貌如生。身与臂手俨然隐起桢上，脸之凹凸处，正视与生人不殊。人问画何以致此？答曰‘中国画但画阳不画阴，故看之人面躯正平，无凹凸相。吾国画兼阴与阳写之，故面有高下，而手臂皆轮圆耳。”[59]

利玛窦还翻刻了四幅西洋版画。据法国汉学家伯希和（Paul Pelliot，1878—1945）考证，其中一幅画为传教士金尼阁在日本时所绘，其他三幅的原作者均为当时欧洲的名家。利玛窦将他翻刻的这四幅画以及他所配的中文和拉丁文说明文字一起给了明代版画家程大约，程大约将之收入《程氏墨苑》中发表，一时广受欢迎。

汤若望的《进呈书像》中有一百余幅西方宗教题材图画，艾儒略的《天主降生出像经解》也刊出了大量西洋木刻版画。特别值得一提的，是中国修士游文辉所画的利玛窦像。游氏信奉天主教后曾到日本学习西洋油画。这幅画虽然并不杰出，但却十分重要，它可能是可以考察到的最早留下名字的中国画家用西方绘画的方式画出的作品。[60]

总的说来，这一时期西方绘画在中国有了一定流传，其绘画技法对中国画家产生了一定影响。这种影响被当代学者莫小也概括为四个方面：透视知识、明暗关系、构图形式、人物比例及动态。[61]

清宫画师马国贤

康熙时期来华的欧洲人中传播西洋绘画的主要有切拉蒂尼（Giovanni Gheradini）和马国贤。他们二人都是意大利人，都继承了文艺复兴的传统，擅长绘画。

切拉蒂尼是白晋在欧洲招募传教士时，一时兴起跟随白晋来到了中国。他是个世俗画家，在中国呆了四年就回欧洲了，其间为北京的天主教堂做了不少绘画装饰工作。传教士杜德美在与别人的通信中讲了他对北京北堂的感受，其中就提到了切拉蒂尼的绘画："这座教堂的建造和装饰用了整整四年的时间……会客厅中陈列着路易十四、法国大主教及历代君王、西班牙摄政王、英国国王及其他许多君王的肖像……天花板全由绘画组成，它分三部分：中间绘有开阔的苍穹，布局绚丽多彩，苍穹两侧是两幅椭圆形的充满欢乐令人愉悦的油画。祭坛后部与天花板一样也有绘画，两侧的远景画使教堂更显深远。"[62]北堂被称为"东方最漂亮、最正规的教堂之一"，这其中也有切拉蒂尼的一份功劳。南堂的宗教绘画曾被清代文人谈迁认为是郎世宁所画，实际上也是切拉蒂尼的作品。

马国贤是在"礼仪之争"中，罗马梵蒂冈的传信部为抑制耶稣会

中国籍耶稣会修士游文辉绘《利玛窦像》。这幅画像后来由金尼阁带回罗马，至今保存于罗马耶稣会总部。

在华势力而直接派到中国的传教士。他到中国后在广州停留期间，康熙通过两广总督赵弘灿考察了其绘画能力，对之十分满意。1711年，马国贤到达北京。在觐见康熙后，他随即开始了他的画师工作。他在回忆录中说："根据陛下的旨意，2月7日我进宫，被带到了一个油画家的画室。他们都是最早把油画艺术引进中国的耶稣会士年神父的学生。一番礼貌的接待之后，这些先生给了我一些画笔、颜料和画布，让我可以开始画画。"[63]

马国贤像

马国贤在清宫服务了十三年，从中西绘画交流史的角度看，他的历史贡献在以下两方面：

一，开创了中西绘画结合之路。马国贤在清宫的身份实际上是御用画师，他的绘画并不完全是自由的，他必须考虑自己的绘画是否能令康熙满意，这就使他必须面对如何处理西方绘画和中国绘画两大传统的问题。马国贤早期创作的一些人物和风景画作品，如《桐荫仕女图屏》、《各国人物屏》、《通景山水屏》等，都在一定程度上借鉴了中国画的手法。

二，将西方的铜版画制作技术介绍到中国。马国贤来华前并未制作过铜版画，只是有些基本的了解。到中国后，他自己动手制作了相关设备，多次试验后成功掌握了镌刻铜版的技术。1713年，康熙让马国贤主持印制铜版《御制避暑山庄三十六景诗图》，马国贤因而成为中国镌刻铜版画的创始人。如果将铜版印本和木刻本《御制避暑山庄三十六景诗图》相比，可以明显感受到铜版印本景物刻画更为繁细，注重透视的表现，明暗对比强烈，立体感极强。这是因为马国贤在镌刻铜版时已经揉进了西洋绘画的手法，在这个意义上，他的铜版图是中国绘画艺术与西方版画雕造艺术的一次完美结合。

康熙年间中国绘画吸收西洋画法最有影响的作品是焦秉真的《耕织图》。焦秉真在钦天监任职，和传教士多有接触，从而对西洋绘画有了较多的了解。张庚（1685—1760）在《画征录》中谈到焦秉真的绘画时说："（焦）工人物，其位置之自远而近，由大及小，不爽毫毛，盖西洋法也。"当代研究者莫小也认为，"焦氏所绘组画采用透视画法是十分明显的，即使清中、后期重绘的《耕织图》也没有焦氏组画中那样显著的西方特色。"

乾隆朝西画盛事

康熙朝以后，在清王朝服务的西方传教士画家有郎世宁（Joseph Castiglione，1688—1766）、王致诚（Jean -Denus AttiRet，1702—1768）、艾启蒙（Ingace Sichelbarth，1708—1780）、潘廷璋（Joseph Panzi，1733—1812）、安德义（Joannes Damascenus Salusti）、贺清泰（Louis de Poirot，1735—1771）等。

在这些人中，影响最大的无疑是郎世宁。郎世宁于康熙五十四年（1715）到达北京，乾隆三十一年（1766）在北京病逝，在中国生活时间长达51年，历经康雍乾三朝，创作了近百件反映清中前期社会文化生活的作品。他在雍正年间创作的《百骏图》、《平安春信图》、《岁朝图》、《羚羊图》，在乾隆年间创作的《十骏图》、《八骏图》、《十骏犬》、《哈萨克贡马图》、《准噶尔贡马图》、《木兰图》、《春郊阅骏图》等，都是中国绘画史上的重要作品。

郎世宁还为清廷培养了为数众多的兼通中西画艺又各有专长的宫廷画家，这些弟子的作品往往都具有明显的西洋画风格，其中丁观鹏的《十八罗汉图》、陈枚的《耕织图》等都是流传于世的名画。在清宫画家中，郎世宁始终处于备受尊崇的核心地位，很多大型绘画都是先由郎氏起草画稿，经皇帝允准之后，再分给他的同事和弟子们绘画；或是以郎氏之画为中心，配以中国画家的山水、花鸟。

当代研究者杨伯达认为，郎世宁在中国绘画史上的贡献可概括为两点：其一，郎世宁是清朝内廷“线法画”的创始人，他将西方绘画中的透视学引入了中国绘画。其二，郎世宁是融合中西画法的新体绘画的创始人和推动者。他将西方绘画理论结合中国的画笔、颜色、纸绢等东方材料，去表现静物、花鸟、人物肖像。他“以西法为主，适当参酌中法”的画法，与明清之际受西画影响的曾鲸（1568—1650）、焦秉真、冷枚等中国画家的那种“以中法为主、西法为用”的画法完全不同，从而形成了独特的“郎世宁新体绘画特征”。[64]

为平衡郎世宁代表的葡萄牙传道部的势力，法国耶稣会将王致诚派遣到中国。来华以前王致诚已经是一名职业画家，至今欧洲许多博物馆还陈列着他的作品。王致诚以《三王来朝》一画赢得了乾隆的赞扬，并成为了皇帝的御用画家。从外表看，做帝王的画师似乎很荣耀，但其中的辛苦只有他自己知道。他在给友人的信中说，自己一大早就要起来，穿过层层由警卫把守的大门，来到皇帝专门给他的画室，这个画室夏天奇热无比，冬天冷得提不起画笔。乾隆皇帝对他十分宠爱，常常赏赐饭菜，而这些御膳拿到他面前时，早已冰凉，无法进口，但也只能强装笑脸吃下。最为痛苦的是，在绘画上他并不完全自由，他必须放弃自己原来喜爱和擅长的西洋油画，改画乾隆喜欢的水彩画。这一度使王致诚内心很苦恼，但经过郎世宁的劝导，他逐渐适应了自己作为帝王画师的角色，先后创作了人物画两百多幅，成为深受乾隆喜爱的西洋画师之一。

清代画家谢遂描绘圆明园建筑的作品，从中可以明显看出对西方绘画技法的借鉴。

《乾隆平定准部回部战图·黑水围解》，郎世宁绘。

艾启蒙是当时宫中另一名重要的西洋画家，其地位和影响虽不及郎世宁、王致诚，但亦深得乾隆宠爱。一次宫中举行庆典时，乾隆发现艾启蒙手不停发抖，当得知他已经七十岁时，乾隆说应为他祝寿。几天后，乾隆亲自接见了他，赏赐绸缎六匹、朝服一领、玛瑙一串，以及御笔“海国耆老”匾一方。接见结束后，乾隆又命艾启蒙乘坐八抬大轿，前面以十字架开路，乐队随其后，在北京城内转了一周，风光一时。

乾隆时期宫廷绘画艺术发展的一大盛事，是制作反映乾隆战功的系列铜版画。乾隆为表现自己历年来南征北战、平定边疆的“十全武功”，采取以画记史的方法，让宫中画家制作了8套共98幅铜版画。这些铜版画是传教士画家和中国画家的集体之作，郎世宁、王致诚、艾启蒙、潘廷璋、安德义等都参加了创作。西洋铜版画在中国的传播由此达到了高潮。

当时首先创作的是《乾隆平定准部回部战图》（又称《乾隆平定西域得胜图》）。1762年，乾隆命郎世宁起草该图小稿16幅，随后几年内，由郎世宁、王致诚、艾启蒙、安德义四位传教士画家共同完成了正式图稿。乾隆对这些图稿非常满意，在每幅画前均御笔题诗，并决定将它们送往欧洲制作成铜版画。经多次协商，这批图稿先后分四批送往巴黎。当时的法兰西皇家艺术院院长亲自过问此事，法国著名的雕刻家勒巴（Le Bas）、圣多本（St. Dubin）、德劳内（N. de. Launay）等都参加了制作。1773年，16幅铜版画各200张，连同铜版原版全部运回中国。这套铜版画从起稿到最后完工，历时11年。

《平定两金川战图》、《平定台湾战图》、《平定安南战图》、《平定苗疆战图》等六套铜版战图完全在中国制作，这说明当时中国的艺匠很可能已经熟练掌握了铜版画制作技法。

在几乎整个18世纪，以郎世宁为代表的清宫西洋画家的作品及其介绍的西方绘画理论如涓涓细流，汇入到变动中的中国绘画艺术之中。尽管其成就斐然，但批评之声也始终存在。正如莫小也所说，“就郎世宁画风来看，中西结合毕竟是折衷，他并没有尽力去发挥各自的优势，而是一味地调和。因为工笔接近西洋画法，似乎以此可以完成中西绘画的融合，岂知这仅是表面的参用。当郎世宁强调西洋绘画的科学性一面时，艺术性一面就有所丧失了。”[65] 无论如何，要求一位西洋传教士完全理解中国文人画，理解那种人与自然的融合带给人精神境界的提升，这几乎是不可能的。

《乾隆平定准部回部战图·乌什酋长献城降》，安德义绘。

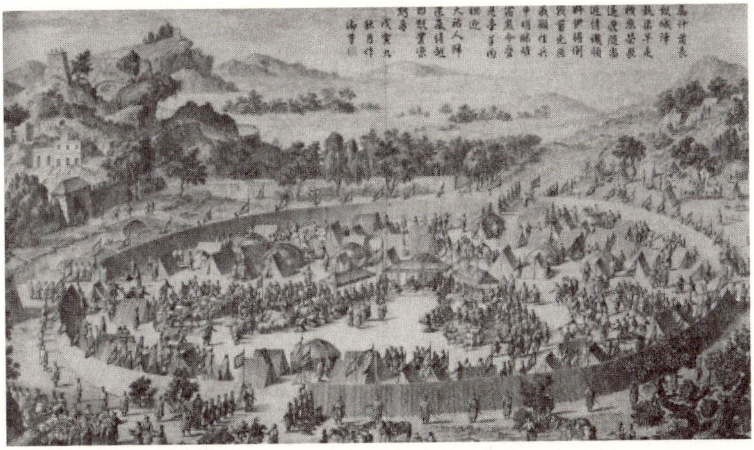

中国早期的西式建筑

西方建筑艺术传入中国首先是在澳门。当时葡萄牙人入住澳门后，一般在高处建房，而澳门原住民一般住在平地。《香山县志》称："因山势高下，筑屋如蜂房者，澳夷之居也。"这些"高栋飞甍，栉比相望"的建筑，主要是传教士的教堂和葡萄牙商人居住的洋房。

澳门最早的教堂望德堂建于1567年，堂前现存十字架一座；圣老愣佐堂建于1575年左右；圣安多尼堂建于1565年，当地人称为"花王庙"，因为它是教友举行结婚仪式的地方；圣保禄堂始建于1572年，重建于1640年，当地人习惯称之为"大三巴"。在1762年葡萄牙当局驱除耶稣会以前，圣保禄堂一直是耶稣会在东方传教的中心；在1835年被大火焚毁之前，它也一直是澳门最为雄伟的建筑。

除教堂外，澳门的西洋式民居建筑也颇具特色。《澳门纪略》中描述说："多楼居，楼三层，依山高下，方者、圆者、三角者、六角者、八角者、肖诸花果状者。覆俱为螺旋形，以巧丽相尚。垣以砖或筑土为之，其厚四五尺，多凿牖于周垣，饰以垩。牖大如户，内阖双扉，外结琐窗，障以云母。楼门皆旁启，历阶数十级而后入……已居其上，而居黑奴其下。门外为院，院尽为外垣，门正启。又为土库楼下，以殖百货。"

随着传教士开始前往中国内地传教，西洋式的教堂也开始在内地出现。明万历年间，传教士在南京建大教堂，俗称"无梁殿"，被认为是中国内地最早的西式教堂。在北京最著名的教堂是汤若望建造的南堂，这是一座典型的西式教堂建筑，体现了当时欧洲的巴洛克（Baroque）风格。魏特在《汤若望传》一书中，对其建筑特征作了详细介绍："教堂内部借立柱之行列把顶格辟为三部，各部皆作窟窿形，有若三只下覆之船身……教堂正面门额上，用拉丁大字母简书救世主名字HSJ三字（注：实为耶稣会的标志），四周更以神光彩饰。"[66] 后

北京南堂

来徐日升与闵明我进行改建时，在教堂两侧建高塔两座，一塔置大风琴，一塔置时钟。当时的方济各会神父利安当（Antonius de Santa，1602—1669）来到北京看到此堂后说："此一建筑物使北京居民无不惊奇不止，前来瞻仰者势如潮涌。"

由于康熙时期对天主教的政策较为温和，天主教在中国得到较大发展，各地纷纷建立教堂。其中最宏伟的要数意大利耶稣会士卫匡国在杭州建造的天主堂，其"造作制度，一如大西"。当年法国耶稣会士李明（Louis de Comte，1655—1728）路经杭州时，对此堂赞不绝口，他说："杭堂之美，未能以笔墨形容。堂中所有，悉镀以金；壁画挂图，无不装潢精致，秩然有序。堂内盖以红黑色好漆饰成，华人最善用此。陈饰物中有金花及其他贵重品，为世界之大观。"

民宅建造中也逐渐开始采用西洋建筑的风格和手法，在江南一带

北京东堂

圆明园西洋楼（铜版画）

圆明园大水法（铜版画）

这类建筑尤为普遍。沈复（1763—？）在《浮生六记》中记载了他在安徽所见采用西洋建筑法的民宅，其结构表现为“重台叠馆”：“重台者，屋上作月台为庭院，叠石栽花于上，使游人不知脚下有屋。叠馆者，楼上作轩，轩上再作平台。上下盘折，重叠四层。”李斗在《扬州画舫录》中记载了扬州“澄碧堂”的建筑风格，此堂仿效广州十三行欧式建筑“碧堂”，上下三层，“连房广厦，蔽日透月”。

最辉煌和经典的西洋建筑，是圆明园中的西洋楼。西洋楼始建于乾隆十二年（1747），乾隆四十八年（1783）最终完工。整个西洋楼由郎世宁设计，王致诚、蒋友仁协助建造。它是中国仿建的第一座欧式园林，由谐奇趣、黄花阵、养雀笼、方外观、海晏堂、远瀛观、大水法等十余座欧式建筑组成。这些建筑的体形及立面上的柱式、檐口基座、门窗等均采用欧式建筑作法，但细部雕饰掺杂了中国式纹样。西洋楼是欧洲建筑文化第一次传入中国的完整作品，也是欧洲与中国两大建筑、园林体系首次结合的创造性尝试。

西洋楼是中西文化平等交流的见证，但遗憾的是，1860年八国联军一把火将其烧毁。西洋楼建于西人之手，又毁于西人之手，百年之间，中国和欧洲的关系发生了翻天覆地的变化。如今，那些断壁残垣在圆明园内茕茕孑立，留给人们无限的深思。

乾隆时期清宫制作的荷花缸钟。随着时间变化，在乐曲伴奏下，荷花的花瓣会自动张合。

18世纪清宫传教士制作的奏乐钟，是西方机械技术和中国传统工艺的圆满结合。

乾隆时期宫中传教士所制“写字人钟”。一旦上好弦，表中机器人就会写下“八方向化，九土来王”的汉字。

《乾隆戎装大阅图》，郎世宁绘。此图描绘了乾隆皇帝于京郊举行阅兵式的情景，具有浓郁的西方肖像画风格。

《纯惠皇贵妃朝服像》，郎世宁绘。

清官传教士画家参与绘制的反映乾隆皇帝战功的铜版画

清代画家焦秉真绘《耕织图》，是康熙年间中国绘画吸收西洋透视画法的代表作品。

澳门圣保禄堂，当地人称为“大三巴”。在1762年之前，这里一直是耶稣会在东方传教的中心，同时也是澳门最为雄伟的西式建筑。

德国耶稣会士基歇尔的《中国图说》是推动18世纪欧洲“中国热”的最重要的著作之一。图为该书所介绍的中国植物。

《中国图说》中有关中国渔民利用鱼鹰捕鱼的介绍。

1656年荷兰来华使团成员纽霍夫笔下的南京城街道。他回欧洲后出版了《荷使初访中国记》，其中有150幅有关中国的铜版插图。

纽霍夫笔下的南京报恩寺琉璃塔。1670年法国国王路易十四命人参照此画修建了凡尔赛特里亚农宫。

建筑师为俄罗斯女沙皇叶卡捷琳娜二世营造“中国宫”的设计稿。

17—18世纪，中国瓷器受到欧洲人的热烈追捧，一些贵族还特意让画师将他们收藏的瓷器描绘下来。

18世纪销往欧洲的中国瓷器，瓷器上的绘画表现了当时欧洲商人在中国订购茶叶的情景。

描绘 18 世纪欧洲上层人士生活的绘画，集中展现了当时的“中国热”，包括中国丝绸、中国瓷器、中国茶等。

中国皇帝御宴图，这是在王致诚神父作品启发下完成的一组中国主题画。在法国，以此组画为基础，纺织出了一批由路易十五赠送乾隆皇帝的挂毯。

18世纪西方人笔下的中国宫殿

海尔德马尔森号沉船上的部分瓷器。这艘商船在1752年从中国返回欧洲的途中沉没，船上装载了大量瓷器、茶叶、丝织品等深受当时欧洲人喜爱的中国商品。

西方社会思想及文学的传入

传教士在来华之前，大都接受过严格的学术训练。无论在中国民间还是皇宫，他们所表现出的在天文、数学、地理、物理等诸多领域的才能，都是为了一个目的：证明其宗教信仰的正确与伟大。科学只是手段，传教才是目的。因此，在研究传教士介绍的西方文化时，不能仅仅停留在科学层面上，只有进一步对其介绍的思想文化、宗教观念等进行分析，才能把握他们所介绍的西学的核心。

传教士笔下的西方社会

在利玛窦的《交友论》中，就已经开始介绍西方的思想文化。据方豪考证，《交友论》共引用了26位西方著名思想家的格言，包括苏格拉底（Socrates，前470—前399）、柏拉图（Plato，约前427年—前347年）、亚里士多德、西塞罗（Marcus Tullius Cicero，前106—前43）、奥古斯丁（Aurelius Augustinus，354—430）等。

被闽中儒生称为“西来孔子”的艾儒略著有《西学凡》，对西方文化作了一种整体性介绍。艾儒略说西方的学问共分六科：文科、理科、医科、法科、教科、道科，并对这六科一一进行了介绍。他所说的“文科”和中国传统的“学问”概念较接近，包括读圣贤名训、学各国历史、读各种诗文和练习写作等。

艾儒略的《西学凡》是写给中国的读书人看的，难免有些文绉绉

艾儒略像

的。后来南怀仁要向年轻的康熙皇帝介绍西方文化，便综合艾儒略等传教士所著图书的内容，另编了一本简明易懂的《御览西方纪要》。书中一一介绍了欧洲各国的国土、国家制度、国王名姓，以及每个国家的历史、风俗习惯、法律制度、道德伦理、经济贸易、城市建筑等情况。

康熙、乾隆也经常和传教士讨论中国和欧洲在政治、宗教、文化诸方面的异同。正是在和传教士的长期接触中，这两位皇帝对西方社会有了更多的了解，具备了比中国历代帝王都更为开阔的视野，并初步形成了对整个世界的认知与看法。法国耶稣会士蒋友仁在一封信中详细记载了他与乾隆的一次谈话，从这些对话中，可以看出西学在清宫中的传播情况。

皇帝问道：是国王派你们来的，还是你们自己要来中国的？

我答道：康熙朝时，这位君王赏赐法国人在皇城内建起了教堂。我们国王得知这一善行后，便命令我们耶稣会的长上在本会中遴选数学家和各类艺术家，给他们提供了可助其完成使命的仪器和其他物品，然后把他们派到了这里。

问：你们长上选派你们到这里来时是否需要告诉国王？

答：我们都是奉国王之命并由他出资，搭乘到广州的法国船只来华的。陛下让雕刻的铜版画也正是它运来的。

…………

问：你们欧洲铜版画中有不少是展现历代君王的胜利的，他们对谁取得了这些胜利？他们要战胜哪些敌手？

答：他们要战胜损害本国利益的其他国家。

问：在你们欧洲众多的君主中，难道没有一个可以以其权威来结束其他君主间可能出现的纷争，因而凌驾于其他君主之上吗？例如中华帝国以前曾被好几个各自独立的君主统治过，后来其中之一成为了他们的首领，于是拥有了皇帝的称号。

答：德国是由许多诸侯国组成的，这些诸侯国的君主中，有一个凌驾于他们之上、拥有皇帝称号的君主。但尽管拥有皇帝称号，他只是本诸侯国的君主，有时还要抵御其他诸侯国向他发动的战争。

问：你们欧洲诸多王国各自实力不同，是否会出现这样的情况，即某个较强的国家吞并了几个较弱的国家后进一步增强了实力，逐步再去吞并其他较强的国家，从而慢慢成为全欧洲的主宰呢？

答：自欧洲所有国家都接受基督教起，人们就不该设想这样的动乱了。基督教劝导臣民服从君主，同时劝导君主们相互尊重。一个君主或许会丢失几个城池甚至几个省份，然而如他面临灭国之险，其他君主便会站在他一边帮助他保全其国家。

问：你们国王是如何处理继位问题的？

答：在我国由王长子或其子孙继位。如长子已去世且无嗣，则由王次子或其子孙继位。

问：在俄罗斯，女子可继承王位，你们那里是否也有奉行此法的国家？

答：欧洲有些国家女子可继承王位，但敝国自君主制确立之初，便已立法不准女子继承王位。

问：若贵国君主死后无嗣，王位由谁继承？

答：多少世纪以来，上帝厚爱我主，使其不仅有足够的子孙继位，还可为欧洲其他王室提供继位人。[67]

传教士们总是将欧洲形容成一个天堂和乐园。庞迪我在《七克》中介绍了西方的司法制度，他说在西方诸国，罪人有不服的，可以要求重新审判定罪，即便是国王，也不能随意决定一个人的生死。法权大于王权，这显然是庞迪我特意针对当时的中国而言的。在庞迪我的介绍中，这种法律的健全既体现为对帝王权利的限制，也体现为对民众不良习惯的限制。他举例说，西方有专门的法律规定，喜欢喝酒的人不能参与国事，只要喝醉过一次的人，其所说的话都不能被法庭采信；西方人将酒看成和淫一样严重的罪恶，女人如果喝了酒，如同与其他男人有了奸情，男子在三十岁前也要滴酒不沾。显然，这些介绍都带有很多夸张、粉饰的成分。

在传教士笔下，西方人的道德规范决不低于中国人。尽管传教士所介绍的实际上是天主教的伦理观，但他们会尽量淡化其宗教色彩，侧重从社会文化的角度来讲述西方的道德伦理，以此展示西方国家的文明发展水平。这是一个相当高明的方法，利玛窦的《畸人十篇》，庞迪我的《七克》，高一志的《修身西学》、《齐家西学》、《幼童教育》等都毫无例外地采用了这种方法。

在传教士所展示的西方社会文化中，令中国文人最为震动的是西方的婚姻制度。庞迪我直接将批判的矛头指向了中国婚姻制度中的纳妾问题。他在《七克》中首先论证了西洋各国一夫一妻制的合理性，继而批评中国的一夫多妻制，即纳妾制。庞迪我实际上是从天主教的禁欲思想出发来谈纳妾问题的。在早期儒家思想中，也有类似的观点，孔子所提出的"君子三戒"，就有"戒色"之说。而且庞迪我的整个论述方式"适应晚明社会人们对劝善书既有的理解，在用语与编撰形式上与劝善书相似"[68]，所以这本书受到当时不少文人的认同。

传教士向中国文人描绘的西方世界，使文人们产生了"误读"。徐光启竟然认为在基督教的影响下，西洋各国"千数百年以至于今，大小相恤，上下相安，路不拾遗，夜不闭关，其长治久安如此。然犹举国之人，兢兢业业，惟恐失坠，获罪于上主。则其法实能使人为善，亦既彰明较著矣。此等教化风俗，虽诸陪臣自言，然臣审其议论，察其图书，参互考稽，悉皆不妄"。[69]

事实上，当时的欧洲存在的问题绝不少于中国。以性伦理为例，

15世纪的英国，由诺福克（Norfolk）法庭所审理的73件淫乱案件中，有15件涉及到教士；在里斯本（Ripon）的126件同类案子中，有24件与教士有关；在兰勃斯（Lambeth）的58件同类案子中，有9件与教士有关——犯规教士是犯规总人数的23%左右，而教士人数却不到总人数的2%。[70]

异质文化相遇时，对对方的认识都带有自己的想象，而这种想象是由其自身的文化背景决定的。16—18世纪中西文化交流史最有魅力之处就在于，双方都在想象着对方，甚至将对方当成自己理想中的乌托邦。由此，促进了文化间的互动、交融和发展。

西方寓言文学的译介

传教士对西方文学的传播发端于对古希腊《伊索寓言》的翻译和介绍。据中国学者研究，明清之际在华传教士或译或讲，一共介绍了近五十则《伊索寓言》中的故事。

第一个介绍《伊索寓言》的是利玛窦。在《畸人十篇》中，利玛窦共引用了其中的六篇寓言，包括《肚胀的狐狸》、《两猎犬》、《狮子和狐狸》、《马和驴》等。利玛窦在书中将"伊索"翻译成"厄琐伯"，他介绍说："厄琐伯氏，上古明士。不幸本国被伐，身为俘虏，鬻于藏德氏，时之闻人先达也，其弟子数千。"

庞迪我在《七克》中引用了《伊索寓言》中的七则，有《乌鸦与狐狸》、《贫人卖酒》、《兔子与青蛙》、《狮子、狼与狐》等。[71]引用《伊索寓言》是庞迪我《七克》获得成功的重要因素之一。正如学者们所说，"读《七克》时，中国的文人自会将东西方不同风格但同样富有教育意义的寓言相比较，这时他们自然也会惊叹：原来在八万里之外的西方国家，也有警世的寓言！这无形中增加了中国知识分子对西方传教士的几分敬重。"[72]

明天启五年（1625），由金尼阁口述、教友张赓笔录的《伊索寓

金尼阁像

言》全译本《况义》出版，这是西方文学在中国传播的一个标志性事件。金尼阁是中西文化交流史上非常重要的人物，他于1610年入华，是目前有史可查的最早到中国传教的法国人。1613年，金尼阁被派回罗马向教皇汇报教务，同时还负有两项任务，一是请求耶稣会总会增派人手，二是采购图书仪器，以便在北京建立一个图书馆。1618年金尼阁再度出发前往中国时，携带了从欧洲各国收集的西文著作七千多部，其中有五百多部是教皇保禄五世（Paul V）赠送的。这些书籍囊括了欧洲古典名著和文艺复兴运动后神学、哲学、科学、文学艺术等方面的最新成就。与金尼阁同行入华的还有22名传教士，其中的汤若望、邓玉函、罗雅谷、傅泛际等人日后都成为了在中国传播西学的重要人物。这批西书入华后，金尼阁拟定了一个庞大的翻译计划，准备联络艾儒略、徐光启、杨廷筠、李之藻、王征等共同翻译出版这些书籍。遗憾的是，1628年金尼阁在杭州过早病逝，七千多部西书只有一小部分被译成中文，大部分都先后流失，下落不明。

除了《伊索寓言》，传教士还介绍了一些古希腊、古罗马的其他寓言。这些寓言在文学类型上都属于“证道故事”，教士们通过讲述这些故事，来隐喻其宗教思想，从而形成了西方文学中的一个重要文类。为什么来到中国的传教士会较多地采取这种形式来传播宗教思想？或者说，为何他们更乐意采用文学的形式来表达其宗教的关怀？中国台湾当代学者李奭学给了一个很好的回答，他说：“在中国，寓言本是先秦诸子的看家本领，从庄子到韩非都能说善道。七国既亡，寓言在中国有江河日颓之势，迄有明一代方能重振，是以郑振铎称明世为‘寓言复兴’……耶稣会士赶在此时刻入华，难免濡染时代的文风。”[73]

西方哲学、宗教在中国

传教士来中国传教是目的，科学与文化只是其传教的手段，他们用心最多、下力最勤的是介绍西方的宗教和哲学思想。

他们发现，中国思想的特点之一是逻辑性较弱。利玛窦曾言，“在学理方面，中国人对伦理学了解最深，但因他们没有任何辩证法则，所以无论是讲或写的时候，都不按科学方法，而是凭直觉能力之所及，毫无条理可言。”[74]因此，传教士有针对性地对介绍亚里士多德的逻辑学格外重视。

艾儒略在《西学凡》中谈到，亚里士多德“其识超卓，其学渊源，其才广逸”，主要的功绩之一就是开创了“落日加”（即逻辑学），使逻辑学成为“立诸学之根基”。

葡萄牙传教士傅泛际和李之藻合作翻译了亚里士多德的《逻辑学》，中文书名为《名理探》。当时李之藻已经65岁，眼睛有疾，虽然全书都翻译了，但没有全部定稿，因而只出版了前半部分，后半部分被南怀仁编入他的《穷理学》中。《名理探》的出版，标志着西方逻辑学在中国的第一次登场。中国先秦时代虽然出现过墨家逻辑，但之后一直未能发展成独立专门的逻辑学，这对中国文化特点的形成有着重大的影响。亚里士多德逻辑学的传入，对中国思想文化发展来说是一次革命性的变革，为中国近代逻辑学的发展奠定了基础。当年翻译这本书时难度是相当大的，后来严复（1853—1921）在翻译《穆勒名学》时，不少逻辑学的概念就是直接借用了李之藻的译法。

对基督教神哲学的介绍是传教士尤为着力之处。罗明坚的《圣教天主实录》是传教士在中国出版的第一本关于基督教教义的著作。阳玛诺的《圣经直解》是最早向中国人介绍《圣经》的书；贺清泰的三十四卷《古新圣经》是对《圣经》的直译，不过并未刻印，流传不广。特别值得一提的，是利类思和安文思两人翻译的中世纪神哲学家托玛斯·阿奎那（Thomas Aquinas，约1224—1274）的《神学大全》一书，中文译本名为《超性学要》。《神学大全》是托玛斯的代表作，也是中世纪神学的代表作。通过这部书的翻译，传教士将西方中世纪基督教神学的基本概念和理论都介绍给了中国。

由于中国地域广大，来华的欧洲传教士远远不够管理这个庞大的教区，所以从利玛窦时代起，就将出版神哲学著作作为弥补人手不足的一个重要办法。来华传教士在此类著作的翻译和编写上用力之勤，是人们难以想象的。

目前对传教士所翻译、撰写的中文书籍尚未有一个总书目，对其中介绍西方哲学和基督教神学的著作数量也未有一个比较明确的统计。按照美籍学者钱存训据费赖之（Louis Pfister）《在华耶稣会士列传及书目》和裴化行（Henry Bernard）《欧洲著作汉译书目》两书的统计，明末清初仅在华耶稣会士共翻译西书437部，其中宗教书籍251部，约占总数的60%，这也证明了来华传教士的确是以传播基督教教义和神学为其根本目的的。

提正編卷之三
遠西　耶穌會士賈宜睦著
主報
一懷死
嗟乎自古及今人無不死奈何驚名逐利湎酒濫色嗜欲重心一似永無死者然豈非大惑乎　天主欲人懷省時刻備死誨人抑邪提法曰常懷四末者永無大犯四末之中懷死其一也人誠以死爲懷斷不敢圖片時暫樂以獲無窮永苦雖有不善者寡矣不
提正編　卷三

基督教传教读物《提正编》，康熙朝来华耶稣会士贾宜睦（J. de Gravina）著。

从文化交流的角度看，历史上宗教是文化间交流的重要桥梁。宗教体现了各种文化的本质特点，在宗教思想的交流中，文化的其他侧面往往也会随之展开。西方整个中世纪是基督教神学的世纪，传教士在介绍基督教教义和中世纪神哲学的同时，也就把早期西方思想的基本特点介绍了进来，这对于中国人理解世界文化的多元性和改进自身的思维方式都是有益的。

中国儒生眼中的基督教思想

对中国思想界来说，传教士所介绍的基督教教义和基督教神哲学是全新的，它必然在中国文人中产生完全不同的反应，一场思想文化的冲突由此展开。

利玛窦入华后，天主教渐渐被中国一些儒家知识分子所接受。梁启超（1873—1929）在《中国近三百年学术史》中说：“当时治利（玛窦）徐（光启）一派之学者，尚有周子愚、瞿式穀、虞淳熙、樊良枢、瞿汝夔、曹于汴、郑以伟、熊明遇、陈亮采、许胥臣、熊士旗等人，皆尝为著译各书作序跋者……可想见当时此派声气之广。”

这些儒生接受天主教思想，首先是因为利玛窦所确立的“合儒”路线起到了作用。不少文人认为，天学和儒学是相通的，他们大都是从儒家本体的角度来理解天主教的，只讲其同，而忽略其异。即便那些已经入教的儒生，他们对天主教的信仰也是建立这样的基础上。张星曜说得最为明白：“天学非泰西创也，中国帝王圣贤无不尊天、畏天、事天、敬天，经书俱在，可考而知也。”其次，天学迎合了晚明时儒学向经世致用的实学方向发展的趋势。此时，传教士宣扬的以科学为手段的天学必然受到儒生们的欢迎。

宣扬基督教教义的版画《耶稣步海图》

但在明清之际，接受基督教思想的人只是一部分，反对者的力量仍然很大。虽然“理学家反对西学的论著大多出自草野山林之儒生，鲜有精辟宏论”[75]，但他们对天主教的批评仍显示出了中西文化间巨大的差异。

这些儒生反对天主教的主要理论依据还是“夷夏之辨”。从“华夏中心”论出发，他们认为传教士“公然欲以彼国之邪教，移我华夏之民风，是敢以夷变夏者也”。[76]对于西方宗教中人格神的“天”，对于基督的“道成肉身”，一般儒生也都感到难以理解。就连已经加入天主教的杨廷筠，在理解天主概念时仍是从儒家的观念出发，他在谈到对待天主的态度时说：“论名分，天主视人无非其子，无贵贱，无贤愚，皆一大父母所生。故谓之大父母，尊而且亲，无人可得远之。子事父母惟力自视，善事父母者，则谓之能竭其力，岂有父母之前，可一日不尽其分。”[77]将神人关系比喻成血缘关系，用对父母的亲孝之情来比拟对天主的崇敬之情，这是典型的中国化的基督教表述。

儒家思想和基督教思想是东西方不同文化的表达形式，并无高低之分。当初利玛窦没能从理论上解决两种文化的会通问题，即便到今天，这一问题也未能完全解决。无论是传教士，还是那些反天主教的儒生，他们更重要的价值都在于揭示了两种文化相遇后所产生的问题。

明清之际基督教的发展与“礼仪之争”

贸易、战争和宗教是人类各种文化间相互交流的三种最基本方式。大漠之中的丝绸之路将东方和西方连接起来，穿行于丝绸之路上的，不仅有来自中国的华美丝绸，更有东方文明的西传和西域文明的东渐。唐王朝（618—907）和大食国在公元751年的怛逻斯之战，使中国的四大发明开始传入西亚，并逐渐传向欧洲。培根（Francis Bacon，1561—1626）甚至认为正是怛逻斯之战，使西方迈开了超越中国的步伐。东汉（25—220）传入中国的印度佛教对中华文化产生了重大的影响，并在其传播过程中形成了中国化的佛教——禅宗。同样，基督教在东方和西方之间，也充当了这样一种文化交流的桥梁。

基督教在华发展历程

基督教最早传入中国是在唐贞观九年（635），波斯僧阿罗本到达长安，这是当时基督教的异端教派聂斯托利派（Nestorians）。此段历史被1625年在西安出土的《大秦景教流行中国碑》所证实。景教一度在唐朝有很大的发展，《大秦景教流行中国碑》上说“法流十道，寺满百城”，从唐太宗（627—649在位）到唐德宗（780—804在位），六代帝王均很优待景教。景教的没落是因为后来唐武宗（841—846在位）信奉道教，会昌五年（845）颁布了《毁佛寺制》，在灭佛的同时，连同景教也取缔了。

这之后，景教在中国边疆地区仍然存在，特别是在蒙古地区。1279年元灭宋后，随着蒙古人主政，景教在元代又重新有了发展。这在《马可·波罗游记》中可以得到证实，此书中多次提到了元代的景教。

元代时，罗马天主教开始传入中国，这是基督教第二次入华。1289年罗马教皇尼古拉四世（Nicola IV，1288—1292在位）派遣意大利籍方济各会传教士约翰·孟德高维诺到中国传教。他于1294年来到元大都，受到元世祖（1260—1294在位）的欢迎，并获准在大都传教。从孟德高维诺寄回欧洲的信来看，虽然天主教在大都期间一度受到景教徒的排斥，但总体发展得不错。孟德高维诺在大都建了教堂，给大约8000人受洗，并且将《新约全书》翻译成了蒙古文。但由于当时天主教基本上是在蒙古人中传播，随着元朝的灭亡，天主教在中原地区几近绝迹。

明朝后期，经过沙勿略等人的不断努力，耶稣会终于进入中国内地。在罗明坚、利玛窦刚入华时，天主教在华发展比较缓慢，根据利玛窦在其书中的回忆，1584年中国信奉天主教的教徒仅3人，1585年有教徒19或20人，1586年有教徒40人，1603年有教徒500人。到利玛窦逝世的1610年，中国天主教徒已经发展为2500人。

传教士著述中对《大秦景教流行中国碑》的介绍

明万历年间的南京教案是天主教在华发展所遇到的第一次较大的打击。万历四十四年（1616），南京礼部侍郎沈榷先后三次上疏，参劾传教士劝人不祭祀祖先，违背儒家之大德。这三次上疏万历皇帝都未批复，于是沈榷向在北京的同乡礼部尚书兼东阁大学士方从哲寻求帮助。方从哲写信给沈榷：“所称西洋人在内地传教，不妨先获监禁，再请旨治罪。”有了京官相助，沈榷立即发兵包围了南京教堂，抓捕了传教士王丰肃（Alphonsus Vagnoni，1566—1640，后改名高一志、王一元）、谢务禄（Alvare de Semedo，1585—1658，后改名曾德昭），并抓走教徒三十余人。1616年12月，朝廷下旨，放逐传教士回国。南京的王丰肃、谢务禄，以及当时在北京的庞迪我等人都被押解到广东。教案波及全国，各地宣教的传教士大多遁迹隐形。

17世纪初福建泉州出土的基督教石刻，这是中国最早的十字架图案之一。

教案期间，徐光启、杨廷筠和李之藻等人积极为天主教奔走，不少传教士暂住杨廷筠家中，徐光启还写下著名的《辨学疏章》为传教士和天主教辩护。天启元年（1621），沈榷被撤职，天主教又重新恢复了在中国的传教活动。

清初，由于康熙在南怀仁的影响下转变了对天主教的态度，颁布容教令，天主教在中国得到了进一步发展。

1669年罗马教廷将中国分为12个主教区：（1）澳门教区，广东、广西隶属其下；（2）南京教区，江南、河南隶属其下；（3）北京教区，

1625—1650年间的中国青花瓷器，上有基督教图案，反映了基督教在中国的存在和影响。

直隶、山东、辽东隶属其下；（4）福建教区；（5）云南教区；（6）四川教区；（7）浙江教区；（8）江西教区；（9）湖广教区；（10）山西教区；（11）陕西教区；（12）贵州教区。共有耶稣会、方济各会、多明我会、奥斯定会、巴黎外方传教会、遣使会等7个天主教修会在华活动。

到康熙晚年，天主教在中国的发展达到最高峰，各修会在中国的住院、教堂和传教士人数都有较大的增长。据统计，康熙四十年（1701），全国已经有教堂257座，教徒达30万人。

“礼仪之争”及其后果

“礼仪之争”是17—18世纪中国和西方关系史中最重大的历史事件。一开始，它完全是来华传教士内部的争论，后来演化成清政府和梵蒂冈之间的争论。从此，清政府和梵蒂冈以及整个西方的关系发生了根本性的逆转。

“礼仪之争”的起源

“礼仪之争”最初仅仅是一个译名之争，即基督教中的造物主Deus如何翻译成中文。罗明坚将这个词翻译为“天主”或“上帝”，利玛窦继承了这种译法，并从他所明确的“合儒”政策出发，认为这样的翻译符合中国的文化传统，因为这两个概念均为中国传统中早已存在的概念。另外，还有中国人祭祖和祭孔的问题，传教士们争论它们究竟算不算宗教仪式。这两个问题看似简单，实质是传教士们从自己的文化背景出发对中国文化的发问，或者说是以基督教的宗教观念来审视中国文化的宗教性问题。

利玛窦明确认为，祭祖和祭孔不是宗教活动，而只是中国文化的一个重要的传统而已。他在《基督教远征中国史》中说：“每月之月初及月圆，当地官员与秀才们都到孔庙行礼叩头，燃蜡烛并在祭台前面的大香炉中焚香。在孔子诞辰日及一年的某些节日，则以极隆重的礼节向他献动物及其他食物，为感谢他在书中传下来的崇高学说……他们并不念什么祈祷文，也不向孔子求什么，就像祭祖一样……关于来生的事，他们不命令也不禁止人们相信什么，许多人除了儒教外，同时也相信另外两种宗教（注：指佛教和道教）。所以我们可以说，儒教不是一种正式的宗教，只是一种学派，是为了齐家治国而设立的。因此，他们可以属于这种学派，又同时成为基督徒，因为在原则上，这没有违反天主教基本教义的地方。”利玛窦的这一理解奠定了天主教在中国文人中发展的基础，正是基于这样一种理解，利玛窦才吸收了像徐光启、杨廷筠和李之藻这样的高级知识分子入教。

然而，利玛窦去世不久，耶稣会内部就发生了争论，利玛窦亲自选定的接班人龙华民带头反对他的这种观点。起因是当时耶稣会在远东的负责人卫方济（François Noël，1651—1729）接到日本耶稣会的报告，报告称不少日本人认为利玛窦所解释的“天主”和“上帝”概念有问题，中国文化中的这两个概念和基督教的“上帝”概念根本不是一回事。卫方济于是写信给龙华民，让他调查此事。龙华民联合熊三拔向卫方济汇报，反对利玛窦的这种理解，主张在中国和日本教区禁止使用“上帝”和“天主”这两个概念，直接用音译的“徒斯”一词代替，同时也要禁止教徒祭祖和祭孔。当时，耶稣会内部坚持利玛窦路线的人仍是多数，当卫方济让庞迪我和高一志对这一问题发表意见时，他们都站在利玛窦一边。1612年，耶稣会在澳门召开会议讨论此事，会议一致同意继续执行利玛窦路线，否认了龙华民等人的意见。但龙华民丝毫不退让，写书对利玛窦的《天主实义》逐条进行反驳，高一志立即回击龙华民，论战在继续。于是耶稣会于1628年在浙江嘉定第二次召开会议讨论此问题，结果是双方妥协，在祭祖和祭孔的问题上按利玛窦的理解，在Deus的译名上听从龙华民的意见。

各修会之间的争论

当耶稣会内部争论不休时，来华的道明会和方济各会也开始对这件事发表自己的意见。道明会的黎玉范（Juan Mwrales，1597—1664）

把自己对祭祖和祭孔的看法写了十七条直接寄给了罗马教皇。道明会在福建传教，他们看到的是中国民间的信仰，这和利玛窦主要结交知识分子完全不同，因而道明会的传教士也不可能理解中国文化中的“大传统”（以都市为中心、上层士绅和知识分子所代表的文化）和“小传统”（散布在乡镇村落中的农民所代表的文化）的区别。由于在整个天主教神学的解释上，道明会在罗马的地位要比耶稣会高得多，罗马教廷最终赞成了黎玉范的意见。教皇英诺森十世（Inocent X）很快下达了禁止中国教徒祭祖和祭孔的禁令。

在华耶稣会很清楚罗马的这个禁令意味着什么，如果按照这个禁令去做，那么耶稣会自利玛窦以来在中国的所有努力和成果就可能付之东流。于是，耶稣会立即派卫匡国返回欧洲，向罗马教廷申述耶稣会的立场，希望教廷收回1643年的禁令。卫匡国在罗马说服了此时的教皇亚历山大七世（Alexander VII），使其站在了耶稣会一边。1656年，教皇批准了中国教徒可以参加祭祖和祭孔。教皇在批复中说：“孔庙中既无偶像崇拜的祭品，也无司祭人员。这里所有的一切都不是为了偶像崇拜，儒生和文人们来到这里，向作为他们老师的孔子致谢。自始至终这些礼仪都被认为是民俗性的和政治性的，仅仅是一种民俗性的崇敬。”

前后两个完全不同的文件使在华的传教士们左右为难。道明会传教士写信问罗马教廷究竟应该执行哪个文件，罗马圣职部1669年的答

明清之际中国天主教徒墓碑上的十字架

复是：两个文件都有效，后者并不否认前者。

此时，在中国的传教士正处于清初“历狱”的困难时刻，大部分传教士被集中在广州。他们在广州开了40天会，会议认为应该执行1656年亚历山大七世所颁发的文件，也就是说耶稣会的意见占了上风。但在此后不久，罗马教廷直接派到福建的主教颜珰（Charles Maigrot，1652—1730）又一次挑起战火。他命令福建所有的教堂将康熙所题的“敬天”匾额拿下，所有教徒不许祭祖和祭孔，并且再次给罗马教皇写信。

康熙三十九年（1700），在宫中的耶稣会士闵明我、徐日升、张诚、安多（Antoine Thomas，1644—1709）等人很恭敬地给康熙写了一封信，表达了他们对“中国礼仪”的看法。信中说：“臣等管见，以为拜孔子敬其为人师范，并非祈福佑、爵禄而拜也。祭祀祖先，出于爱亲之义，依儒礼亦无求佑之义，惟尽忠孝之念而已。虽立祖先之先碑，非谓祖先之魂在木牌之上，不过抒子孙极本追远，如在之意耳。至于效天之皇礼，非祭苍苍有形之天，乃祭天地万物根源主宰，即孔子所云‘郊社之礼，所以事上帝也’。有时不称上帝而称天者，犹主上不曰主上，而曰陛下，曰朝廷之类，虽名称不同，其实一也。前蒙皇上所赐匾额，御书‘敬天’二字，正是此意。”康熙看后，批示：“这所写甚好，有合大道。敬天及事君亲、敬师长者，系天下通义，这就是无可改处。”

耶稣会做好了中国皇帝的工作，又开始做罗马方面的工作。1703年，耶稣会派卫方济与庞嘉宾（Gaspard Kastner，1665—1709）返回罗马，向新上任的教皇克莱孟十一世（Clement XI）申诉耶稣会的立场。这次耶稣会作了充分的准备，他们带去了中国各个教区的教徒们亲手写的誓状，上面说明祭祖、祭孔是什么含义，教徒们如何理解“天主”和“上帝”的概念。每份誓状都有教徒的签字画押，由耶稣会士将其翻译成拉丁文。此时巴黎外方传教会的梁弘仁（Artus de Lyonne，1655—1713）也到了罗马，双方唇枪舌剑一番论战。

1704年，教皇和教廷枢机委员会终于再次作出裁决：应用“天主”，而非“天”、“上帝”来称呼神；“敬天”字样应从教堂中撤出；禁止天主教徒进孔庙、祠堂，以及从事一切与祭祖祀孔相关的活动。

多罗来华

1704年罗马教廷判定“中国礼仪”为异端后，为向中国皇帝表明其立场，也为了统一在华各修会传教士的观点和口径，正式派出多罗主教（Carlo Tommaso）来华。至此，天主教在华各修会之间的争论告一段落，一个纯粹的文化问题终于演化成了清政府和梵蒂冈的关系问题，文化的理解所产生的矛盾开始上升到国家的对外关系上。

1705年4月，多罗使团到达澳门，随后进入广州。7月，在宫中的耶稣会士正式将多罗特使到华一事告诉康熙，康熙令广东巡抚好好接待，又派张诚等传教士到天津迎候。9月多罗坐船从广州北上，出发前忽然中风，半身不遂。康熙数月仍未得到多罗的消息，十分惦记，又怕水路太慢，遂派一位亲王到山东临清迎候，改为陆路进京。从康熙心情之急迫可以看出，他对多罗使华寄予了不少的希望。

多罗使团进京后，住在北堂。1705年12月，康熙热情地接待了多罗。会见中康熙询问罗马方面关于“中国礼仪”的态度，多罗总是支支吾吾，不敢正面回答。1706年6月，康熙第二次接见多罗，多罗仍然躲躲闪闪，只是说教皇让他来给康熙请安。康熙认为多罗一定带有教皇的使命，所以他明确告诉多罗，中国几千年来奉行孔子之道，如果在华传教士反对中国的礼仪，那将很难在中国留下来。多罗无话可对，只好说不久有一位精通中国问题的神父要来北京，这就是福建主教颜珰。

多罗像

1706年8月，康熙在热河行宫接见了颜珰。颜珰说一口福建话，还需要巴多

明（Dominique Parrenin，1665—1741）翻译。康熙又问他自己御座后面的四个字如何读，颜珰只能读出一个字，这使康熙大为恼火。第二天康熙就写下御批："（颜）愚不识字，擅敢妄论中国之道。"随后康熙又下谕说："颜珰既不识字，又不善中国语言，对话须用翻译，这等人敢谈中国经书之道，像站在门外从未进屋的人讨论屋中之事，说话没有一点根据。"自见了颜珰以后，康熙对多罗也心生厌恶，当多罗向康熙请求离京时，康熙立即应允。

多罗到南京后，康熙下谕将颜珰和他的助理以及浙江主教何纳笃（Mezzaface）驱逐出境，将多罗的助理毕天祥（Luigi Antonio）遣回原传教地四川就地拘禁。同时，规定在华的所有传教士必须向朝廷声明遵守利玛窦的规矩，否则将不准留在中国。1706年12月，康熙颁布御旨，所有在华传教士必须持有朝廷准许传教的印票，并同意使用"中国礼仪"，才准传教。一个月后，多罗在南京宣布了罗马教廷的禁令。

实际上，康熙此时并不想完全和罗马教廷一刀两断，在他看来，罗马教廷所以作出这样的决定，完全是颜珰这样的人导致的。因此康熙先后两次派传教士返回欧洲，向罗马教廷讲明他的态度。但他所派的四名传教士都未能顺利完成使命，康熙始终不知罗马教廷的观点是否有所改变。

在华耶稣会士将康熙的旨意转呈给罗马教廷，希望教廷能对1704年的文件有所变通。然而克莱孟十一世却关上了与中国皇帝和解的大门：不仅重申1704年的文件有效，而且发布新的指示，强调凡是不绝对遵守1704年文件规定的人，将被开除教籍。

嘉乐来华

1720年，罗马方面再次派特使嘉乐（Carlo Mezzabarba）来华。嘉乐一行到达北京城外时，康熙派人问其来华的使命，嘉乐开门见山地说："一件求中国大皇帝俯赐允准，着臣管在中国传教之西洋人；一件求中国大皇帝俯赐允准，中国入教之人，俱依前岁教王发来条约内禁止之事。”康熙毫不客气地批示：“尔教王所求二事，朕俱俯赐允准。但尔教王条约与中国道理大相悖逆。尔天主教在中国行不得，务必禁止。教既不行，在中国传教之西洋人亦属无用。除会技艺之人留用，再年老有病不能回去之人仍准留存，其余在中国传教之人，尔俱带回西洋去。”

康熙这样一讲，意味着在华传教士几十年的努力就要付之东流。于是，在京耶稣会士开始和嘉乐讨论一种妥协之路，力图将梵蒂冈的要求和康熙的要求协调起来。耶稣会商量出几条办法，包括准许教徒在家祭祖，但在牌位旁要注明天主教孝敬父母的道理；准许教徒对亡人追悼的礼仪，但应是非宗教性的社会礼节而非迷信；准许非宗教性的祭孔等。但耶稣会士的这番苦心并没有换来他们理想中的结果。

康熙第一次见到嘉乐时，向其询问为何西洋图中有生羽翼之人。嘉乐详细解释其中的道理，康熙听后说：“中国人不解西洋字义，故不辨尔西洋事理。尔西洋人不解中国字义，如何妄论中国之是非？”在嘉乐的坚持下，传教士将教皇的禁约翻译成中文读给康熙听。康熙听后完全明白了教廷的用意，他下旨：“览此条约，只可说得西洋人等小人，如何言得中国之大理。况西洋人等无一通汉书者，说言议论可笑者多……今后不必西洋人在中国行教，禁止可也，免得多事。”嘉乐被礼貌地送出了中国，中国和罗马教廷的第一次外交以双方的分歧而结束。

“礼仪之争”是中西文化交流史中的重要的事件。从这一事件中，我们可以看到天主教这一西方文化在面对中国文化时所产生的问题，无论是颜珰所代表的巴黎外方传教会及道明会、方济各会等反对利玛窦路线的传教修会，还是多罗和嘉乐所代表的罗马教廷，都表现出了一种按照欧洲文化来裁剪其他文化的倾向。

正是从“礼仪之争”开始，基督教停止了融入中国文化的步伐，中国方面也逐渐失去了接触西方世界的桥梁，失去了观察世界的窗口。

中国文化的西传

美国汉学家费正清（John King Fairbank，1907—1991）在谈到基督教传教士在中西文化交流中的作用时说，这些传教士站在中西文化的双行线上，一方面他们把西方文化介绍给中国，另一方面，他们把中国文化介绍给西方。

明清之际中西文化交流史的魅力就在于，它是一场世界范围内的有关中国文化和西方文化的大讨论。在中国，文人和皇帝在思考着基督教所代表的西方文化；在西方，思想家和君主在讨论着以儒家学说为代表的中国文化。

中国典籍的翻译和传播

这场世界范围内的中西文化大讨论，首先是从传教士对中国典籍的翻译和介绍开始的。

在地理大发现以前的年代，欧洲对中国的认识基本上是从陆地旅行家、探险家的各种游记中得到的。著名的《马可·波罗游记》虽对中国的宗教生活有所报道，但对中国文化的主流——儒家思想几乎一字未提，难怪有人说马可·波罗只是以一个威尼斯商人的眼光来看中国的。

对中国的深入认识是从大航海以后开始的。在耶稣会士到达东方以前，已有西班牙人和葡萄牙人关于中国的一系列报道。葡萄牙首位赴华特使皮雷斯在马六甲所写的《东方志》，他的同事托旺·维埃拉（Cristqvao Vieiro）和加尔沃（Vasco Calvo）从广州狱中所写的信，都是大航海以后西方认识中国的重要文献。

最早向西方报道中国人精神生活的是耶稣会创始人之一沙勿略。虽然沙勿略没能进入中国腹地，但他在日本及中国沿海呆了多年，常与中国人接触，对中国文化有所体悟，这正是他和商人出身的马可·波罗所不同的。他在写往欧洲的信中说："据曾住中国的葡萄牙人报告，中国为正义之邦，一切均讲正义，故以正义卓越著称，为信仰基督教的任何地区所不及。就我在日本所目睹，中国人智慧极高，远胜日本人，且擅于思考，重视学术。"另一封信中说："中国面积至为广阔，奉守法，政治清明，全国信于一尊，人民无不服从，国家富强。凡国计民生所需者，无不具备，且极充裕。中国人聪明好学，尚仁义，重伦常，长于政治，孜孜不倦。"这是西方最早的关于中国文化的评断之一。

当更多的西方传教士来到中国后，这些读拉丁文、用鹅管笔写字的传教士对用方块字排成的一本本中国文化典籍充满了好奇之心。传教的实践又使他们认识到，这是一个崇尚文化的民族，一个外国传教士如果不会说"子曰"、"诗云"，是很难在中国站住脚的。

第一位开始研究中国典籍，并将其翻译成西方语言的是西班牙传教士高母羡。这位道明会教士在菲律宾华人区传教，为了更好传教，他开始研读中国文化典籍，并被《明心宝鉴》一书吸引。《明心宝鉴》成书于明洪武二十六年（1393），它辑录了中国历代儒家名言和长期流传于民间的道德格言，主要用于教授儿童识字和进行道德教育。由于书中辑录的内容很好，此书受到官方和民间的普遍欢迎，并在东南亚一带的华人区广为流传。高母羡很可能是将《明心宝鉴》作为他最初的汉语学习读本，或许是书中儒家圣贤的哲学思想、伦理学观念引起了他对中国文化的强烈兴趣，所以将此书翻译成了西班牙文。

来华耶稣会士中，第一个将中国典籍翻译成拉丁文的是罗明坚。

罗明坚在1583年的一封信中说："去年我曾寄去了一本中文书，并附有拉丁文翻译。"有学者认为罗明坚寄回罗马的译文是《三字经》。这个译本没有发表，也未产生影响。

罗明坚返回欧洲后，在1593年罗马出版的《百科精选》一书中发表了《大学》的部分译文。尽管罗明坚只翻译了《大学》的一段，其译文在对儒家思想的理解上也存在一定偏差，但意义十分重大，因为他是第一个翻译并发表了儒家原典的欧洲人。虽然高母羡翻译《明心宝鉴》功不可没，但《明心宝鉴》毕竟是一本通俗读物，其思想价值和学术价值无法与《大学》相比。

在华耶稣会士介绍儒家思想的另一部重要著作是曾德昭的《大中国志》。曾德昭在书中介绍了孔子和中国的教育制度。他对孔子为了坚持自己的理想，四处奔走、不屈不挠的人格给予了很高的评价。他说："孔夫子这位伟人受到中国人的崇敬，他撰写的书及他留下的格言教导也极受重视，以至人们不仅把他当作圣人，同时也把他当作先师和博士。他的话被视为是神谕圣言，而且全国所有城镇都修建了纪念他的庙宇，人们定期在那里举行隆重的仪式以表示对他的尊崇。"[78]

曾德昭介绍说，孔子最主要的贡献是写了"五经"，对于"四书"，曾德昭没有谈更多，但提到"四书"一部分来自孔子，一部分来自孟子，并认为"四书"是在强调圣人政府应建立在家庭和个人的道德之上。他说："这九部书是全中国人都要学习的自然和道德哲学，而且学位考试时要从这些书中抽出内容来供学生阅读和撰写文章。"

曾德昭像

关于儒家世界观的介绍，曾德昭基本遵循了利玛窦的路线，他介绍了儒家强调的五种道德：仁、义、礼、智、信，介绍了儒家处理父子、夫妻、君臣、兄弟、朋友之间关系的原则，即孟子所说的“父子有亲，君臣有义，夫妇有别，长幼有序，朋友有信”。

虽然曾德昭注意到儒家的世界观表现为天、地、人三个方面，但他对儒家所强调的天人合一、人天相通的基本立场并不太感兴趣。和利玛窦一样，他所关注的是早期儒家崇拜“上帝”和“敬天”的传统。他说：“他们以孔夫子为宗师。他们不崇信浮屠即偶像，但承认有一个能奖惩的上天，即神祇。不过他们没有祈祷，没有神父、教士为神祇服务。他们在书籍里很崇敬地记述他们的先师，把他当作神人，对他不可以有丝毫不敬的事，如同我们的祖辈对待他们的神灵。但因为他们并不完全清楚地认识真实的上帝，他们礼拜世界上三样最著名的强有力的东西，他们称之为‘三才’，即天、地、人。只有在北京和南京的宫殿才有祭天、祭地的壮丽庙宇，这只属于皇帝，也只有皇帝本人才能献祭……至于来世的灵魂，他们既不期望，也不祈求，他们仍然要求今世的现实利益、财富和成就，他们以此去激发人们的信仰。因为他们把天地当作自然父母去礼拜，他们同样可以尊敬自己的亲生父母；同时，因为前代著名的圣贤得到崇敬，他们因此极力去仿效他们，又因他们去世的前辈备受祭享，他们可以学习如何孝敬活着的长辈。总之，对于可能影响家族内治理、和谐的问题，他们会把一切都安排妥善，并实行德行。”

曾德昭对儒家宗教信仰的介绍基本真实，尤其是对“敬天”以及如何祭祀的介绍尤为具体，这些后来在西方产生了较大的影响。在社会伦理层面，他认为儒教的“敬天”主要在于教导人们对家族中祖先的崇拜和对圣人政府的尊敬，从而演化成一种社会生活层面上的伦理实践。在这点上，曾德昭是看得比较准确的。

“礼仪之争”与中国哲学的西传

“礼仪之争”在中国和西方产生了完全不同的两种结果。在中国，由于教廷不再遵循利玛窦路线，因而康熙和之后的雍正、乾隆皇帝都对天主教心生反感，甚至出现全面禁教的情况，本已取得显著成就的中西文化交流受到了直接的影响。虽然清宫中始终仍有西方传教士供职，但在对待西方科学、文化的态度上，清政府已发生了很大的变化。康熙皇帝的那种宽阔视野和开放气度在其继任者身上已难再现。传教士们介绍进来的许多西方最新科技成果因此被长期置于“冷宫”中，仅供皇帝赏玩，不再发生广泛的社会影响和作用。

在西方，“礼仪之争”却产生了一个意想不到的结果——欧洲兴起了持续的“中国热”，中国思想和文化更多地传入西方。在“礼仪之争”中，来华的各修会为维护自己的传教路线，多次派传教士返回欧洲，向罗马教廷和欧洲社会申诉自己的观点。他们著书立说，广泛活动，向人们介绍自己所了解的中国，以争取同情和支持。这样，一个有辽阔国土、悠久历史、灿烂文化的东方大国形象逐渐树立在欧洲人面前。一时间，中国具有了一种特殊的魅力，谈论中国成为最热门的话题。欧洲有关中国的各种消息迅速传播，甚至“在几乎所有的科学部门中，中国都变成论战的基础”，这为欧洲的启蒙运动直接提供了思想养料。从这个意义上说，欧洲是“礼仪之争”的受惠一方。

金尼阁是较早被派回欧洲的传教士，利玛窦托他带回自己用意大利文写作的回忆录手稿《基督教远征中国史》。金尼阁在旅途中将其翻译为拉丁文，并将书名改为《利玛窦中国札记》。1615年，此书在欧洲公开出版，轰动一时，被誉为“欧洲人叙述中国比较完备无讹的第一部书”。

道明会士闵明我在1667年在华传教士讨论“中国礼仪”时站在耶稣会的对立面，拒绝在全体传教士讨论的决议上签字。1669年12月，他潜离澳门，乘船返回欧洲。1676年，他在马德里出版了《中国历史及宗教风俗概念》。

金尼阁之后被来华耶稣会派回欧洲的卫匡国在《中国新图》、《中国上古史》、《鞑靼战记》等书中更为详细地介绍了中国的情况。在《中国上古史》中，他较之以前的作者更多地介绍了孔子及儒家思想，还介绍了儒家的经典著作“四书”和“五经”。他说《大学》是“中国全部哲学的基础”，并把《大学》的第一段译成了拉丁文。这是继罗明坚后，有关《大学》的译文又一次在西方公开出版。《中国上古史》的另一值得注意之处是对孟子的介绍。卫匡国说孟子是一位“非常高尚和极有雄辩能力的哲学家”，在儒家中的地位仅次于孔子。他还简略地将孟子与梁惠王的谈话转译成了拉丁文。这是孟子及其思想、著作第一次被介绍到西方。

接替卫匡国工作的比利时耶稣会士柏应理（Philippe Couplet，1623—1693）于1659年来华，在江西建昌府（今江西抚州一带）传教三年。在这期间，他和传教士郭纳爵（Lgnace da Costa，1599—1666）、殷铎泽（P. Prosper Intercetta，1625—1696）等人用拉丁文翻译了《大学》和《论语》的前五章，起名为《中国箴言》，书中还附有两页儒学书目。这本书“用纸、体裁都是沿革中国风格，一方面用阿拉伯字注明页数，另一方面用汉字注明”。[79]

这之后，殷铎泽在1671年返回罗马的旅途中翻译了《中庸》，书名为《中国的政治道德学》。除《中庸》译文外，书中内容还包括《孔子传》和八页儒学书目，其中《孔子传》是西方第一本有关孔子的专题研究著作。

在《中国箴言》和《孔子传》的基础上，才产生了《中国哲学家孔子》一书。费赖之在《在华耶稣会士列传及书目》中将《中国哲学家孔子》作为柏应理的主要代表作之一，其实它并非柏应理一人之作，而是来华耶稣会士集体创作的成果。当时正值清初“历狱”期间，来华耶稣会士除汤若望以外，大都被集中于广州，在此期间，他们共同商榷，完成了这本书。共有十七名传教士参加了编撰工作，但1687年此书在巴黎出版时，直接署名的只有殷铎泽、恩理格（Herdtricht, P. Christian，1624—1684）、鲁日满（Francois de Rougemont，1624—1676）、柏应理四人，书的副标题是以汉字形式出现的“四书直译”。

对这部书贡献最大的是柏应理，书稿由他带回欧洲并出版。柏应理写了一篇很长的序言，对全书的内容作了概要介绍，并附了一张孔子肖像和一份长达八页的儒学书目。柏应理在序言中开宗明义说明这本书并不是为欧洲读者写的，而是为了提供给到中国的传教士使用，让他们对中国文化有所了解。柏应理继承了利玛窦的思路，对新儒家展开了批评。他认为朱熹（1130—1200）等新儒家的根本问题在于脱离了孔子传统，孔子是“敬天”的，在孔子以前更是崇拜“上帝”的，而在新儒家那里，“太极”、“理”成了万物之本、原初的物体，成了根本性的范畴。

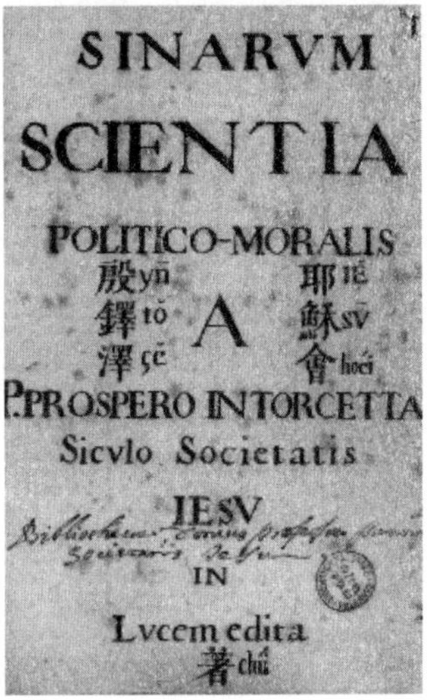

殷铎泽《中庸》译本

熟悉中国哲学的人都知道，新儒家以古代儒家思想为本，而融合老庄思想、佛教思想及道教思想，更有所创造，以建成新的系统。[80]新儒家将原儒的伦理化向一种抽象化、本体化方向发展，在朱熹那里，“太极”、“理”并不是一种物质性的东西，而是类似于柏拉图的“理念”和黑格尔（Hegel，1770—1831）的“绝对理念”，但传教士们则把其理解成了类似德谟克利特（Democritus，约前460—前370）的学说。他们把孔子的思想解释为一种自然理性，把新儒家判定为一种唯物主义学说，这种观点直接影响了17—18世纪的欧洲思想家。

书中还附有殷铎泽的《孔子传》和《大学》、《中庸》、《论语》译文。据美国学者孟德卫（David Mungello）研究，他们对《大学》、《中庸》、《论语》的翻译并没有忠于原文含义，而是从基督教的角度作了重新说明。

孟德卫把《中国哲学家孔子》一书称为“耶稣会士在中国适应的最高成就”。丹麦学者龙伯格（Roland N. Stromberg）评价说：“孔子

传教士著作中的孔子像

的形象第一次被传到欧洲。此书把孔子描述成了一位全面的伦理学家，认为他的伦理和自然神学统治着中华帝国，从而支持了耶稣会士在近期内归化中国人的希望。”[81]

这本书在欧洲产生了广泛的影响。由于柏应理在扉页上写的是“献给法王路易十四”，它得到了路易十四的支持。1688年，出版了该书的法文改编版，1691年又出版了改编版的英译本。

基歇尔（Athanasius Kircher，1601—1680）在《中国图说》中也简要介绍了孔子的思想。他说：“在中国最古老、土生土长的是儒家，他们统治着这个王国。儒家有很多书，比其他学派的人受到更多的赞扬。他们承认孔子是其学派的奠基人，是第一位哲学家。中国的儒家不崇拜偶像，像孔子教导他们的那样，他们只尊崇一种神，他们称之为‘天’，也就是上帝。”

龙华民的《关于中国宗教若干点之纪录》是来华耶稣会士向西方介绍中国哲学和宗教的重要代表著作之一。龙华民认为，利玛窦等人把中国人的“上帝”等同于西方人的“上帝”是错误的，他认为中国哲学是自然主义的，是与基督教思想不相符的，尤其是宋儒所说的“理”、“太极”，实际上是一种物质世界的本源，其本身也是物质性的，而不是神性的。如果说利玛窦突出的是“原儒”，强调“原儒”与基督教的一致性，那么龙华民突出的是新儒家，强调新儒家的“唯物主义成分”，以说明“中国礼仪”是不符合基督教教义的。龙华民对中国理学的介绍，引起了当时德国哲学家莱布尼茨的极大注意，莱布尼茨及其弟子沃尔夫（C. Wolff，1679—1754）专门深入地研究了理学和西方哲学的关系，开创了中西比较哲学之先河。

在当时对中国宗教、哲学思想的介绍中，引起最大争议的是法国耶稣会士李明的《中国现形势志》。这本书1696年在巴黎出版，它深深地卷入了“礼仪之争”中，Sorbonne神学院花了整整两个月时间开了二十多次会议对其进行审查，有160位神学家发表意见，在后来的投票表决中有114人赞成出版，46人反对，一时间这本书成为耶稣会护教的代表作。

在书中，李明用了六页的篇幅介绍宋代儒学，他向欧洲介绍了三个人，即周敦颐（1017—1073）、邵雍（1011—1077）、朱熹。李明并没有采用“新儒家”的概念，而是说他们是一个“哲学学派”。在介绍他们的哲学观点时，李明认为宋代哲学家主张自然以外不存在任何东西，而“理”则是自然中最根本的原则。他说，中国人把宇宙比喻成一个大的建筑，在这个建筑中，“理”处于顶端，“理”作为基本原则联结和支撑着构成这个结构的所有部分，维持着自然的整体性。

李明还专门介绍了朱熹的《太极解义》。《太极解义》是朱熹的重要著作，在其中朱熹确定了“太极”的本体论地位。李明认为，朱熹过分强调了“太极”的本体含义，使之成为第一原则。值得注意的是，李明对待理学的态度并不像龙华民那样一味批判，而是尽量地采取了一种更为客观的描述。

白晋是法国来华耶稣会士中的重要人物，深受康熙器重，1693年被康熙派回欧洲。白晋在欧期间也直接参与了“礼仪之争”，著有《中国语言中之天与上帝》，力图证明中国人称天主曰“天”曰“上帝”。

有关中国历史的报道

大航海以后，陆续进入中国又返回欧洲的一些传教士都出版了关于中国的书，如柏来拉（Galiote Pereira）的《中国报道》，克鲁兹（Gaspar de Cruz）的《中国志》等。其中最为重要的，是西班牙奥古斯丁会传教士马西·德·拉达（Martin de Rada，1533—1578）的《出使福建记》和《记大明的事情》两本书。

在拉达以前，西方人对中国的报道大都停留在个人所见所闻的基础上，尚未完全摆脱游记的框架。拉达的书首次突破了这一点，正如他在序言中所说："我们这里谈的这个国家的事情，部分系我们亲眼所见，部分来自他们自己的书籍和对国家的论述。"[82]拉达所以能读懂中文书，主要依靠一位叫"常来"（Sang Leys）的华裔菲律宾人将其译成西班牙文。如果没有这些中国文献，在中国仅呆了三个月的拉达绝不可能掌握如此丰富的材料。

拉达以后，在西方最有名的关于中国历史的书是西班牙奥古斯丁会教士儒安·贡萨烈斯·门多萨（Juan González de Mendoza，1545—1618）的《中华大帝国史》。门多萨虽未到过中国，但他阅读了多种入华传教士的报告，以及西方出版的各种游记，因而这部书成为对16世纪西方有关中国报道的一个总结。同时，《中华大帝国史》是西方第一本系统介绍中国历史的书籍，在叙述方式上，它完全摆脱了个人游记的模式。

门多萨的书在西方获得了空前的成功，在不到10年的时间，该书就被译为7种文字，共发行了46版。英国学者赫德逊（G. F. Hudson）说："门多萨的著作触及了古老中国生活的实质，它的出版标志着一个时代的开始，从此一部关于中国及其制度的知识的适用纲要就可以为欧洲学术界所利用了。"[83]

HISTORIA
DE LAS COSAS
MAS NOTABLES,
RITOS Y COSTVMBRES,
Del gran Reyno de la China, sabidas assi por los li-
bros de los mesmos Chinas, como por relacion de
Religiosos y otras personas que an estado en el di-
cho Reyno.
HECHA Y ORDENADA POR EL MVY R.P.
maestro Fr. Ioan Gonçalez de Mendoça de la Orden de S. Au-
gustin, y penitenciario Apostolico a quien la Magestad Ca-
tholica embio con su real carta y otras cosas para el Rey de a-
quel Reyno el año. 1580.
Con vn Itinerario del nueuo Mundo.
EN ANVERS,
En casa de Pedro Bellero,
1596.

门多萨《中华大帝国史》封面

耶稣会入华后，随着耶稣会士的大量著作在欧洲出版，西方对中国历史的认识进一步加深。其中影响较大的有曾德昭的《中国通史》、安文思的《中国新志》和卫匡国的《中国上古史》。

曾德昭在奉命返回欧洲的途中，于1638年完成了《中国通史》（亦称《大中国志》），这是来华耶稣会士第一部专门介绍中国历史的著作。与以前传教士的著作相比，此书更为详细地介绍了中国的社会历史状况。例如利玛窦《基督教远征中国史》中对中国省份的介绍只是一笔带过，曾德昭则专设两章，具体介绍了中国南方和北方的各省份，这在以前是从未有过的。此书的另一特点是向西方披露了一些明代的重要事件。如在“中国的军队和武器”部分，介绍了1621年明朝政府从澳门购进西洋火炮，后在北京表演时发生意外一事。另外，首次向西方报道了“南京教案”的全过程，使西方对基督教在中国的发展有了更深入的认识。

HISTOIRE
DE LA
CHINE,
Traduite du Latin du Pere MARTIN MARTINI de la Compagnie de JESUS.
Par l'ABBE' LE PELETIER.
TOME SECOND.
A PARIS,
Chez CLAUDE BARBIN, au Palais, sur le Perron de la Sainte Chapelle.
ET
ARNOUL SENEUZE, ruë de la Harpe, vis-à-vis la rue des Mathurins à la Sphere.
M. DC. XCII.
Avec Privilege du Roy.

卫匡国《中国上古史》封面

安文思的《中国新志》是他在中国期间用葡文写成的，书名原为《中国之十二优点》，1682年托柏应理带回欧洲，由伯农（Abbe' Claude Benou）翻译后于1688年以法文出版。由于安文思长期生活在北京，又经常出入皇宫，所以他在书中较为详细地介绍了北京和清宫的一些情况，这些内容大都是首次向西方披露，引起了当时欧洲人的浓厚兴趣。安文思书中所附中国历史年表也产生了较大的影响。虽然柏应理在《中国哲学家孔子》一书中已附了一份中国历史年表，但在安文思的年表中，中国的历史年代与《圣经》所记载的历史年代二者间的冲突才更为突出地显示出来，这种冲突引起了当时欧洲思想界的关注。

卫匡国的《中国上古史》是传教士撰写的唯一一部关于中国早期历史的著作。卫匡国所谓的“上古史”，实际上写的是基督诞生以前的中国历史，从神话中的盘古开天地写到西汉哀帝元寿二年（公元前1年）。这部书对基督教的历史观形成了极大的冲击，它向西方人证明了在基督教文明以外，还有历史更为悠久的中华文明。

《鞑靼战记》是卫匡国的另一部著作。他根据自己的亲身经历描述了明亡清兴的王朝变更历史，将六十多年的当时中国现代史展现在西方人面前，所以此书被称为西方第一部关于中国“现代史”的著作。[84]

冯秉正的《中国通史》1778年在法国出版，全书十二卷，从先秦一直写到清代乾隆朝。书中内容主要取材于朱熹的《通鉴纲目》，以及商辂（1414—1486）的《续通鉴纲目》。至于明清部分，由于当时尚无中文史书可供翻译，冯秉正只得自己动手撰写。不过他只写到康熙朝，雍正和乾隆两朝是由另外一位传教士添入的。[85]此书代表着入华耶稣会士在介绍中国史学方面的最高成就。

欧洲关于中国语言文字的讨论

早期来华的传教士曾在其游记中介绍过中国的语言文字，如克鲁兹曾说：“中国人在书写方面没有固定的字母，他们用字来写一切，他们用这些字组成单词。他们有数量极多的字，用字来标明每件事物。”[86]拉达也曾说：“中国人的字是迄今所知最原始、最难学的字，因为它们是字不是字母。每件事物都有不同的字，因此即便一个人认得一万个字，他也不能读懂一切。认字认得最多的人，就是他们中最聪明的人。”

1576年拉达根据闽南话用西班牙文编著的《华语韵编》，被认为是第一部中外合璧的词典。但拉达的这部词典，以及后来罗明坚和利玛窦合编的《葡华词典》、利玛窦与郭居静合编的《西文拼音华语字典》都只是稿本，并未出版，在欧洲也未产生影响。

后来，曾德昭的《中国通史》、安文思的《中国新志》、卫匡国的《中国上古史》都对中国语言作过介绍。但真正在欧洲产生较大影响的是基歇尔于1667年出版的《中国图说》，书中全文抄写了《大秦景教流行中国碑》碑文，并将每一个汉字对应注上拼音，又将每一个汉字都用拉丁文注明含义。这样，西方人就可以从字形、字音、字义三方面来认识汉字。当然，基歇尔的注音和解释都有不少错误。

两年以后，约翰·韦伯（Webb John，1611—1672）的《关于证明中华帝国之语言有可能为人类最初语言的历史评说》一书在英国问世，并获得了极大的成功。德国学者米勒（Andreas Miille）也编了一本《汉语入门》，因为他是当时有名的东方学家，并自称已完全掌握了学习中文的秘密，因而这本书引起了很多欧洲人的关注。德国另一名学者巴耶尔（Bayer Gottlieb Siegfried，1694—1738）对汉语也十分感兴趣，他编写了一本《汉语博览》。

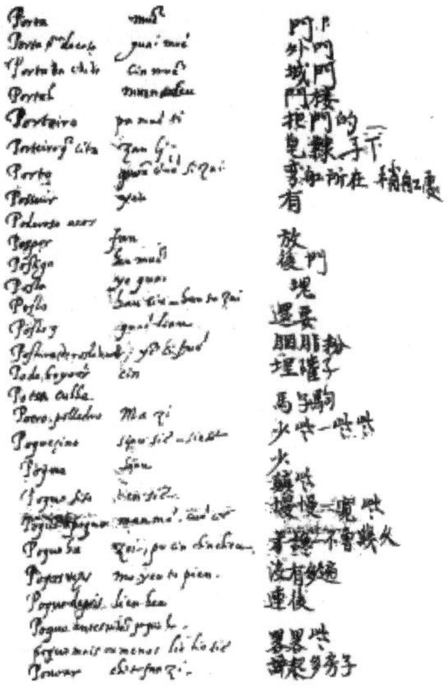

罗明坚、利玛窦合编的《葡华词典》残页

欧洲知识界对中国语言文字的关心与热情是和当时欧洲文化的发展紧密相关的。大航海以后，欧洲人走出了地中海，穿越了大西洋，当多种民族的语言和文字呈现在面前时，他们不得不将两个问题提到文化的议程上来加以思考：一是如何处理多种异族语言文字与欧洲语言文字的关系，实质上是怎样理解为何世界上存在着如此众多的语言；二是面对众多语言，如何实现人类文化的沟通，能否找到一种具有普遍性的人类语言。因此，这一时期欧洲对中国语言文字的讨论，并不仅仅是针对中国语言本身，实际上是由语言而引起的他们对自身文化重新理解和建构的问题。

《圣经》中记载，人类最初是使用同一种语言的，后来在建造了巴比伦塔以后，耶和华让人们走散四方，从而产生了各种语言。那么，人类最初统一的语言是什么呢？欧洲人曾有过各种猜想，如拉丁文、荷兰语等。当时，英国与荷兰正处在激烈的贸易竞争之中，荷兰人占据强势。当约翰·韦伯提出世界最初的语言可能是汉语时，其实也就证明了亚当在伊甸园中讲的不是荷兰语。可以想象英国人听到这一结论会有多么高兴，所以韦伯的那本书是献给英国国王查理一世（Charles I, 1600—1649）的。

对于众多语言间的交流、沟通问题，莱布尼茨最为关注。当他听说米勒发现了解读汉字的钥匙时，十分激动地一口气给米勒提出了14个问题。这些问题所关注的焦点在于，汉字是否具有人类文字的普遍性特征。事实上，莱布尼茨是在想能否用汉字来作为人类的一种共用文字，因为按照他的判断，“汉语书写的本质意味着这门语言应该作为世界性语言”。[87]

耶稣会士与中国科技的西传

16世纪传教士东来以后，对中国的科学技术一直比较关注。门多萨虽未到过中国，但他依据伯来拉和拉达等人所提供的材料，在《中华大帝国史》中用了较多笔墨介绍中国的科技。他介绍了中国的制炮技术，指出中国比西方国家更早使用火炮；还有中国的印刷术，指出中国印刷术的发明要远远早于德国的谷腾堡。中国的造船技术也深得门多萨赞誉，他说：“他们用来修理船只的沥青在该国十分丰富，用他们的话叫‘漆’，是由石灰、鱼油及他们称为油麻的膏制成。它很坚固、防蛀，因此他们的船比我们的耐用两倍。他们船内的泵要比我们的好得多，是由很多片组成的，有一个抽水的较小，安在船内侧，他们用它轻易地把船内的水抽干。”[88]

门多萨主要还是依靠他人的间接材料来向西方介绍中国科技，耶稣会士入华以后，这种介绍大大深入了。

利玛窦在谈到中国印刷术时，就比门多萨具体得多。他说：“中国在五百年前已经发明了印刷术，比我们历史悠久。但他们的方法与西方有所不同。中国字数目极多，不能用西方的方法，不过现在也采用一种拼凑法。他们最流行的方法是取一块平滑无节的木板，把要印的字或画反贴在上面，然后细心把纸拿开，留在木板上的就只有字迹。最后用刻刀把字以外的地方挖深，只让字迹或画迹凸出。用这样的木版想印多少就能印多少。这种办法印中国字相当容易，因为他们的字通常比我们的字大，西方文字用这种办法印就不容易了。至于速度，我觉得西方印刷工人排版与校对一页文字所用的时间，与中国工人刻一块版所用的时间不相上下，也许中国工人用的时间还少一点，所以印中文书比印西文书的费用低。中国人的办法还有一个优点，即木版常是完整的，何时想印就印；三四年后，也能随便修改：改一个字易如反掌，改几行字也不甚难，只需要把木版加以裁接。”[89]

曾德昭的《大中国志》、卫匡国的《中国上古史》等书中也都介绍过中国科技。基歇尔的《中国图说》用大量篇幅介绍了中国的动植物、地理环境和工艺等方面的情况，引起了欧洲人的极大兴趣。卜弥格所写的《中国植物》是第一部向西方系统介绍中国植物的书籍，书中列举的中国植物有二十种，奇异动物数种，并配有插图。卜弥格还翻译了明代名医张世贤的著作《中国脉诀》，此书被称为“中国医书被翻译成西文之始”。[90]

中国科技向西方传播过程中，一大重要事件是一批法国耶稣会士1687年的来华。在利玛窦时期和其后较长一段时间内，入华传教士大多来自意大利、西班牙和葡萄牙，法国传教士则相对较少。1680年，柏应理受南怀仁派遣返回欧洲，吁请各国派遣精通科学知识的传教士到中国。柏应理此行在欧洲引起了强烈反响。在巴黎，法王路易十四多次接见柏应理，并决定派遣洪若翰（Jean de Fontaney，1643—1710）、白晋、刘应（Claude de Visdelou，1658—1737）、李明、

晒纸图。中国发明纸张的历史可上溯到公元2世纪初，欧洲直到12世纪才对此有所了解。

张诚等传教士作为“国王的数学家”前往中国。1687年2月，洪若翰一行五人抵达北京，一个多月后，康熙在乾清宫大殿接见了他们。

在来中国之前，洪若翰、白晋、刘应、张诚就已被法国皇家科学院任命为通讯院士。因此他们入华的任务除传教之外，还包括受皇家科学院之托，了解、调查中国的科学技术。

洪若翰曾写信给法国皇家科学院，汇报他们每一个人的分工与任务——洪若翰负责考察中国天文学和地理学，刘应负责中国通史、汉字与汉语的起源，白晋负责中国医学和动植物，李明负责中国艺术和工艺，张诚负责中国矿物……[91] 正是这种有组织、有计划的调查和研究，拉开了中国科学技术向西方传播的高潮。

继洪若翰等人之后，来华的法国耶稣会士逐渐增多。这些法国传教士大都学识渊博，在数学、天文学、地理学等科学领域各有所长，深得康熙的信任和宠爱。康熙下令为法国传教士开设汉文和满文课，并允许他们在皇城中修建了一座教堂，即后人所说的“北堂”。

18世纪法国最重要的传教士汉学家当推宋君荣（Antoino Gaubil，1689—1759）。他精通科学、史学和语言学，深入地学习了汉文和满文，在北京度过了37个春秋。除撰写《成吉思汗与蒙古史》、《大唐史纲》等史学著作以外，宋君荣对天文学的研究也达到了很高的水平。其《中国天文史略》介绍了《尚书》、《诗经》、《春秋》中记录的日蚀，以及中国的干支；《中国天文纲要》介绍了中国15世纪之前的天文学发展历程，以及中国的星宿表，中国测算日蚀、月蚀的方法和日蚀、月蚀表，中国测算金、木、水、火、土五行星运行的方法等。[92] 李约瑟曾说：“即使是在今天，对于想彻底研究中国天文学的人，宋君荣的著作

法国耶稣会士钱德明像

貘，出自法国入华耶稣会士晁俊秀（Francois Bourgeois）寄回欧洲的一部中国动物画册。

仍然是不可少的参考资料。”

后来，宋君荣的这些手稿在欧洲正式出版，对18—19世纪欧洲天文学家产生了重要的影响。不仅如此，连伏尔泰这样的大思想家也注意到了宋君荣，在《风俗论》中伏尔泰说：“中国的历史就其总的方面来说是无可争议的，是唯一建立在天象观察的基础上的。根据最确凿的年表，远在公元前2155年，中国就已有观测日蚀的记载……宋君荣神父核对了孔子书中记载的三十六次日蚀，他只发现其中两次有误，两次存疑。”[93]

法国耶稣会士韩国英（Pierre Martial，1727—1780）撰写了《野蚕说与养蚕法》、《说若干种中国植物》、《记痘症》等著作。尤其令人惊讶的是，他把中国宋代法医学家宋慈（1186—1249）的《洗冤录》也译成了法文，由此可见韩国英对中国科技介绍之广泛。另外，韩国英还翻译了《康熙几暇格物论》，这是康熙在政务之余研究各门科学问题的心得之作，其内容涉及天文学、物理学、生物学、医学、农学和地学等诸多方面。

除此之外，钱德明（Jean-Joseph-Marie Amiot，1718—1793）、汤执中（Pierre d'lncarville，1706—1757）、殷弘绪（Francois Xavier

由法国耶稣会士杜德美引入欧洲的中国药用植物人参。

d'Entrecolles，1662—1741）等人也分别译介了中国科技文献。

中国科技的西传引起了欧洲科学家的关注，他们开始把中国的科技理论和历史记载纳入他们的科学研究视野。[94]中国科技成就也在不少方面启发了近代的欧洲科学家。李约瑟曾说，在天文学方面，中国的天文学理论直接导致了欧洲中世纪天文学理论的解体，而且就古代科学的总体情况而言，世界受惠于东亚，特别是受惠于中国的整体情况已经非常清楚地显现出来。[95]

传教士汉学的兴起

"礼仪之争"中，被派回欧洲的传教士大多在中国居住了少则几年，多则十几年。他们返回欧洲后，一方面著书立说介绍中国文化，一方面广交社会名流，与当时欧洲思想界的许多重要人物如莱布尼茨、孟德斯鸠（Charles de Secondat, Baron de Montesquieu，1689—1775）等都有过各种联系。他们的这些著作和活动大大促进了当时欧洲对中国的了解，从而在欧洲文化界形成了一个新的学术形态——传教士汉学。

传教士有关中国的这些著作大大激发了欧洲人对中国的兴趣，在欧洲先后出现了三种有关中国的刊物，专门收集、发表在华耶稣会士的通信和著作。第一种是《耶稣会士中国书简集》，从1702年到1776年共出版了34册。第二种是1735年在巴黎出版的四大册《中华帝国全志》，它经过杜赫德（Jean Baptiste Du Halde）精心选编而成，收集了大量耶稣会士的通信、著作、研究报告等，还第一次向欧洲公布了中国的详细地图。第三种是1776—1841年间出版的《北京传教士关于中国历史、科学、艺术、风俗习惯的论考》（又称《中国杂纂》），共刊行了16册。它们是接续《耶稣会士中国书简集》的，因1773年教皇克莱孟十四世宣布解散耶稣会，《耶稣会士中国书简集》无法继续出版，在法国的耶稣会士便另起炉灶，出版了这套丛刊。

这三种刊物反映了18世纪欧洲对中国认识的最高水平，在中国文化西传中起到了非常重要的作用。法国当代学者伊莎贝尔·席微叶（Isabelle et Jean-Louis Vissiere）说："这些书简是如同一种真正的、客观的和几乎天真的编年史出现的，它使大众们产生了一种阅读他们所喜欢的文献的感觉。它们使我们目击了传教区胜利的开端，其充满喜剧性或悲剧性事件的历程及其末日。它们清楚地说明了传教区的宗教、外交和科学三种志向。"日本学者後藤末雄将它们称为"欧洲18世纪有关中国的三大名著"。

正是在中国文化尤其是中国宗教和哲学西传的过程中，西方认识中国的步伐大大加快，传教士汉学也形成了自己的初步形态。仅从对儒家文化的介绍来看，耶稣会士就翻译和写作了如下作品：安文思的《中国之十二优点》、《孔子书注》（用汉文写成）、《孔子遗作全解》，卫方济的《中庸》译本、《孟子》译本、《中国哲学》、《中国哲学简评》、《中国六部古典文学：大学、中庸、论语、孟子、孝经、小学》，刘应的《孔子第六十五代孙孔胤植传》、《中国"四书"之年代》、《中国七子赞》，巴多

1729年出版的《耶稣会士中国书简集》中收录的康熙皇帝画像。

中国帆船，1596年阿姆斯特丹出版的《旅程》一书中的插画。

明的《自然法典》（翻译孔子的诗篇）；钱德明的《孔子传》、《孔传大事略志》、《孔子诸大弟子传》等等。此外，还有马若瑟（Joseph-Henry-Marie de Premare，1666—1701）的《中国语言志略》，虽然这是一部文法书，但书中引用了大量的中国古籍文献，儒家从先秦到宋代的主要著作几乎都有所涉列，因而其意义并不限于中国语言，也是中国儒学在西方传播的一部重要著作。

欧洲十八世纪的“中国热”

经过“礼仪之争”，中国文化在欧洲得到更广泛的传播，并在欧洲思想文化界产生了广泛的影响。有人甚至说，在18世纪，遥远的中华帝国成为许多欧洲改革家心目中的典范。18世纪是欧洲崇尚东方的世纪，这种“中国热”表现在欧洲社会生活的方方面面。

独具魅力的中国器物

葡萄牙人占据澳门后，澳门成为中国和西方经济贸易的窗口，中国传统的出口商品丝、瓷器、茶叶开始源源不断地输入到欧洲。穿丝绸的衣服，喝武夷山的红茶，成为当时欧洲上层社会的时尚。

丝绸

丝绸素有盛名，很早就通过陆上和海上丝绸之路传入了西方。17世纪之后，欧洲人对丝绸的需求大大超过前代。卫匡国在其《中国新图》中说，“葡人每年由中国贩运至欧洲者，为绢1300箱。”大宗的丝绸贸易使葡人获得丰厚的利润，“仅生丝一项，自公元1580—1590年，每年运往果阿的生丝约3000担，利润达36万两。到公元1636年，这一年的出口量增到6000担，利润达72万两。”[96]

与丝绸一起输入欧洲的还有中国的丝织、刺绣、染色等技术。法国路易十四时代，宫廷男女服饰常以刺绣装饰；伦敦的贵妇人也钟爱刺绣服装，这些服装上往往绣着象征吉祥如意的麒麟、龙凤等中国传统图案，甚至还有人别出心裁地请中国刺绣工匠精心绣织丝绸名片。

与此同时，法国里昂开始有了自己的丝织业，并逐渐成为欧洲丝织业的中心。但里昂的丝织品在风格上仍受到中国的影响，甚至印花绸缎上的各种图像，如人物鸟兽等，都仿自中国。[97]

瓷器

瓷器历来受到欧洲人的青睐，是中国同欧洲贸易的主要商品。

对于瓷器的制作方法，欧洲人曾有过无数的猜想。有人认为瓷器是蛋壳制作的，需要埋在地下80年或100年，也有人认为并不需要埋在地下，而是要风吹日晒40年。门多萨较早地向西方介绍了瓷器的制作方法，但他的介绍仍含糊不清。直到入华传教士殷弘绪的《瓷器制作新释》寄回法国后，西方才真正掌握了制瓷的秘密。

在17世纪之前，中国瓷器在欧洲始终是十分珍贵的东西，只在少数宫廷中才有。随着茶叶输入欧洲，茶具的需求造成瓷器使用的普及。最初的欧洲茶具大都是在中国订制的，荷兰是当时中国瓷器远销欧洲的一个重要中介国。“荷兰商人在福建和更远的江西景德镇订购大量瓷器。为了订购的瓷器能在市场畅销，荷商在荷兰绘制多种模型和图案送到中国，再在中国依样制造。其实，带有中国图案的瓷器在欧洲更受欢迎。”[98]

1540年威尼斯人有了自己的瓷厂，以后在1628年、1637年，荷兰和德国也有了自己的瓷厂。这些瓷厂在烧制工艺和瓷器的造型、色彩、纹饰等方面都大量模仿中国瓷器。有人因而说，“从16世纪起，欧洲陶瓷史实际上是欧洲在装饰和材料方面努力模仿中国瓷器的历史。”[99]

茶

早在1596年，荷兰人看到茶叶在亚洲备受欢迎，就开始从福建进口茶叶到欧洲。因此，欧洲人说“茶”，大部分用福建方言的发音，例如荷兰人说的“thee”。[100]

1685年，荷兰医生戴克尔（C. Decker）出版了《奇妙的草药——

茶叶》一书，极力推荐茶叶的神奇作用。但当时喝茶的人大都为贵族，因为一磅茶叶价格高达50—70荷盾，一磅所谓的宫廷用茶，价格甚至高达100荷盾左右。[101]大约二十年后，随着进口量的增加，茶叶价格大跌，才真正进入寻常百姓家，成为大众所喜爱的可口饮料。

喝茶不仅成为一种时尚，还成为典雅、修养和博学的象征。在1742年的一本《膳食学·茶·茶颂》中，有这样的诗句："只要在巴黎人们喜欢品茗，就会满怀荣耀到处咏唱我的美名。"[102]由此可见当时欧洲人对茶叶顶礼膜拜的程度。

漆器

17世纪时，中国的漆器已开始大量输入欧洲。1703年，法国商船昂菲特里特号从中国运回了整整一船漆器，引起全法国的轰动。以后，法国成了欧洲漆器的生产大国，法国匠人马丁兄弟制作的中国式家具享誉全欧洲。[103]

之后，英国、德国、意大利、荷兰等国也有了效仿中国漆器的制造厂，各地所生产的漆器普通受到欢迎。

除此之外，传入欧洲的中国用品还有轿子、扇子、金鱼、孔雀等，这些东西都成为当时欧洲"中国热"的重要体现。

中国式园林建筑

在欧洲"中国热"中，英国人对中国的园林发生了兴趣，威廉·坦普尔爵士（William Temple）在他的《论园林》一书中第一次将中国园林的不规则性与欧洲园林的规则性作了对比。在他的倡导下，英国开始建造一种有中国趣味的庭园。

这时，远在北京的耶稣会士王致诚的一封介绍圆明园的信在欧洲发表了。王致诚是乾隆的宫廷画师，也是圆明园的设计者之一。他在信中所描绘的圆明园，小桥流水，灰砖琉璃瓦，绿荫中点缀着假山，溪流蜿蜒穿过庭园，一派人工与自然巧妙融合的怡人风光。王致诚说，中国园林的建筑风格完全不同于西方——“水池的砌法完全是自然的，不像我们那样，要在四周砌上用墨线切割成的整齐石块。它们错落有致地排放着，其艺术造诣之高，使人误以为那就是大自然的杰作。河流或宽或窄，迂回曲折，如同被天然的丘石所萦绕。两岸种植着鲜花，花枝从石缝中挣扎出来，就像天生如此。”[104]他批评欧洲的建筑风格贫乏又缺乏生气，一切都要整齐划一和对称，使建筑冗板不能贴近自然。

这封信在西方引起了很大的反响，欧洲人从中感受到了完全不同于自己的另一种建筑风格，并被深深吸引。在英国，多家期刊转载了这篇文章，一系列关于中国建筑的图书出版，许多著名建筑师开始把眼光投向东方，学习来自中国的建筑形式和风格。曾到过中国广州的英国皇家建筑师威廉·钱伯斯（Willian Chambers）撰写了《论东方园林》、《中国房屋、家具、服饰、机械和家庭用具设计图册》等著作，并在英国王室的支持下，于1762年在伦敦西郊建造了著名的丘园（Kew Garden）。园内垒石为假山，小涧曲折绕其下，茂林浓荫；湖畔矗立着十六丈高塔，凡九层，塔檐有龙为饰，塔侧有类似小亭之孔子庙。[105]丘园建成后，参观者络绎不绝，在整个欧洲都产生了很大影响。

伦敦丘园中的高塔，该塔完全以中国广州塔为模型。

在此前后，欧洲各地都兴起了仿效中国园林、建筑的热潮。在法国，路易十四按照荷兰人纽霍夫游记中所附的南京报恩寺素描，为其情妇蒙特庞夫人（Mme de Montespan）修建了凡尔塞的特里亚农宫。德国人在波茨坦建起了逍遥宫，采用中国式的

西方人笔下的中国私家园林

屋顶，屋檐外各类中国式样的雕塑栩栩如生。腓特列大帝（Frederick the Great）的威廉夏因花园更将中国园林推向极致，园内亭楼榭台，溪水拱桥，俨然一片中国风光。慕尼黑的公园中修筑了中国塔，至今仍是慕尼黑一景。瑞典国王阿道夫·弗里德里克（Adolf Fredrik，1710—1771）修建了一座“中国宫”，作为生日礼物送给王后。[106]

中国园林、建筑艺术在欧洲的流行，最明显地代表了当时风靡欧洲的洛可可（Rococo）风格。洛可可风格具有纤细、轻盈、华丽、繁琐、多变等特征，这种新的艺术风格是对18世纪以前一直统治欧洲的巴洛克（Barogue）风格的反叛和否定，其灵感即源自中国艺术。洛可可时代的欧洲建筑家在中国建筑中找到了他们新的表达方式——高矗的中国塔、宽大的中国屋顶、自然般的中国庭园、多种形状的窗棂等等。一种优雅、玲珑的建筑风格取代了过去的古典风格，自然、精巧、多样、非对称性，这些中国建筑元素成为了欧洲建筑的一种新时尚、新情趣。

洛可可艺术在欧洲大约流行了一个世纪，随着18世纪后半期新古典主义兴起，并逐渐成为欧洲艺术的主流，洛可可艺术慢慢衰退。

社会文化中的“中国时尚”

随着中国文化在欧洲的传播，从17世纪中叶开始，欧洲逐渐兴起了一股称为“汉风”（Chinoiserie）的“中国热”，遥远的东方犹如神奇的乐土，深深地吸引着欧洲。到18世纪时，这种“中国热”达到高潮。

在日常生活中，欧洲人以使用中国的器物为荣耀，包括用中国家具、贴中国墙纸、用中国瓷器、喝中国茶等等。以中国命名的各类社交和休闲场所让人目不暇接，如“中国咖啡会”、“中国茶社”、“中国舞场”等。

各国的国王大臣、王侯贵族是这股“中国热”的积极参与者。法国国王路易十四为收藏中国瓷器，特地建立了瓷宫。在1667年的一次宴会上，路易十四化装成中国人出场，轰动一时。18世纪的第一个新年，法国王宫是以中国的形式庆祝的。路易十五（Louis XV，1710—1774）的情妇蓬巴杜夫人经常光顾巴黎专营中国物品的拉扎尔·杜沃商店。路易十五的国务秘书贝尔丹（Bertin）也是一个“中国迷”，他

西方人笔下的中国风情画：17世纪的北京

家中设有一间“中国室”，专门陈列来自中国的珍宝。[107]

18世纪法国“百科全书”派思想家狄德罗（Denis Diderot，1713—1784）、霍尔巴赫（Holbach，1723—1789），启蒙运动领袖伏尔泰等人都很赞赏中国文化。伏尔泰对中国尤其推崇，他赞扬中国是举世最优美、最古老、最广大、人口最多却治理最好的国家。在他眼中，孔子甚至比基督还伟大。他幻想建立一种“理性宗教”，其楷模就是中国儒教。

中国传统的重农思想也深刻影响了法国以魁奈（F.Quesnay,1694—1774）等为代表的“重农学派”。魁奈在《自然法则》一书中说：“自然法则是人类立法的基础和人类行为的最高准则。所有的国家都忽视了这一点，只有中国是例外。”1756年，在魁奈的劝说下，路易十五模仿中国皇帝举行了“籍田大礼”，以示对农业的重视。（籍田指中国古代天子、诸侯征用民力耕种的田，每逢春耕前，天子、诸侯都要举行“籍礼”。）

在文学领域，法国当时以中国为题材的小说竟达45部之多。1724年，法国传教士马若瑟（Joseph de Premare，1666—1736）在广州将元曲《赵氏孤儿》译成法文，并于1735年在巴黎出版。伏尔泰将此剧改编为《中国孤儿》，于1755年上演，一时间轰动巴黎，引来不少模仿者。

伏尔泰《中国孤儿》1755年上演时，剧中演员扮演的成吉思汗。

法国是当时欧洲的文化中心，法国的“中国热”很快就传遍了欧洲。英国国王查理二世（Charles II，1630—1685）和王后都爱喝茶，经常举行茶会，一时品茶成为英国上流社会的时髦之举。时髦的女子们在上午10点到11点之间要喝武夷茶，晚上10点到11点又要坐在茶桌旁边。人们认为，饮茶使社交活动更有生气了。[108]

英国的东方学家海德写文介绍中国的围棋游戏，坦普尔爵士介绍中国的园林，哥尔斯密则以中国哲学家名义发表书信体的小说。

在德国，文化巨人莱布尼茨如饥似渴地读着当时能收集到的所有关于中国的材料。他与多名入华传教士通信，并发表了德国历史上第一部关于中国的学术著作《中国近事》。莱布尼茨对中国的《易经》特别感兴趣，他的自然法、单子论等都受到了《易经》的影响。大文学家歌德（Johann W. Goethe，1749—1832）在魏玛王宫中给王室和大臣们表演中国书法，看中国皮影戏也成为魏玛王宫中一件深受欢迎的事。卫匡国的《鞑靼战记》被改编成了《埃及一或伟大的蒙古人》，而顺治皇帝则成为哈佩尔（Eberhard N. Happel，1647—1790）的骑士小说《亚洲的俄诺干布》中的人物。[109]

"中国热"是18世纪欧洲文化史上的一段重要历史，对于这股热潮，当时的法国著名作家格利姆（Grimn）有一段十分生动的描述：

> "在我们的时代里，中国帝国已成为特殊注意和特殊研究的对象。传教士的报告，以一味美化的文笔描写远方的中国，首先使公众为之神往。远道迢迢，人们也无从反证这些报告的虚谬。接着，哲学家们从中国利用所有对他们有用的材料，用来论说和改造他们看到的本国的各种弊害。因此，在短期内，这个国家就成为智慧、道德及纯正宗教的产生地。它的政体是最悠久而最可能完善的；它的道德是世界上最高尚而完美的；它的法律、政治，它的艺术事业，都同样可以作为世界各国的模范。"[110]

格利姆是这股"中国热"中的反对派，但他的叙述，正好从另一个方面说明了那个时代的特征。

注 释

1 张箭：《地理大发现研究：15—17世纪》，商务印书馆，2002年，第81页。

2（英）李约瑟：《中国科学技术史》第4卷第2分册，科学出版社，1975年，第689页。

3 黄一农：《汤若望在华恩荣考》，《中国文化》第7期。

4 方豪：《中国天主教史人物传》中册，中华书局，1988年，第169页。

5 黄伯禄：《正教奉褒》，上海慈母堂，1904年，第55页。

6《钦命传教约述》，上海徐家汇图书馆藏，第29页。

7（美）魏若望：《传教士·科学家·工程师·外交家：南怀仁》，社会科学文献出版社，2001年，第430页。

8（荷）包乐士：《〈荷使初访中国记〉研究》，厦门大学出版社，1989年，第37页。

9（荷）包乐士：《〈荷使初访中国记〉研究》，厦门大学出版社，1989年，第42页。

10（俄）C. A. 齐赫文斯基：《十七世纪俄中关系》第2卷第3册，商务印书馆1975年，第853页。

11《徐日升日记》，商务印书馆，1973年，第208—209页。

12《利玛窦全集》，复旦大学出版社，2001年，第135页。

13《利玛窦中国札记》，中华书局，1983年，第151页。

14 沈德符：《万历野获编》卷三十，中华书局，1997年，第785页。

15 李贽：《梵书》卷六。

16 谈迁：《北游录》，中华书局，1997年，第278页。

17《利玛窦书信集》，台湾光启出版社，1986年，第188页。

18 黄百家：《明史·历志》下卷。

19《天学初函》影印本第2册，台湾学生书局，1986年。

20《利玛窦书信集》，台湾光启出版社，1986年，第188页。

21《天主教东传文献》，台湾学生书局，1982年，第693页。

22 林金水：《〈闽中诸公赠诗〉初探》，《宗教文化》1998年第3期。

23 林金水：《利玛窦与中国》，中国社会科学出版社，1996年，第286—316页。

24 林金水：《艾儒略与福建士大夫交游表》，《中外关系史论丛》1996年第5期。

25《徐光启集》，上海古籍出版社，1984年，第66页。

26《徐光启集》，上海古籍出版社，1984年，第432页。

27《徐光启集》，上海古籍出版社，1984年，第432页。

28《徐光启集》，上海古籍出版社，1984年，第86页。

29 钟鸣旦：《杨廷筠：明末天主教儒者》，中国社会科学文献出版社，2002年，第106—107页。

30 钟鸣旦：《杨廷筠：明末天主教儒者》，中国社会科学文献出版社，2002年，第204页。

31 黄一农：《两头蛇：明末清初的第一代天主徒》，台湾清华大学出版社，2005年，第153页。

32 江晓原：《天文西学东渐集》，上海书店出版社，2001年，第401—402页。

33 张柏春：《明清测天仪器之欧化》，辽宁教育出版社，2000年，第154页。

34《康熙朝满文朱批奏折全译》，中国社会科学出版社，1996年，第878页。

35《徂徕石先生文集》，中华书局，1984年，第116页。

36（意）艾儒略著，谢方校释：《职方外记校释》，中华书局，1996年，第9—10页。

37《利玛窦日记》英文版第325页，转引自林金水：《利玛窦输入地圆学说的影响与意义》，《文史知识》1985年第5期。

38（意）艾儒略著，谢方校释：《职方外记校释》，中华书局1996年，第4页。

39《清圣祖实录》卷二八三。

40 转引自王庸：《中国地理学史》，台湾商务印书馆，1986年，第113页。

41《清高宗圣训》卷二一七。

42 孙喆：《康雍乾时期舆图绘制与疆域形成研究》，中国人民大学出版社，2003年，第62页。

43（英）李约瑟：《中国科学技术史稿》第5卷第2章，科学出版社，1976年。

44（法）J.B.杜赫德：《测绘中国地图纪事》，《历史地理》第2辑。

45 孙喆：《康雍乾时期舆图绘制与疆域形成研究》，中国人民大学出版社，2003年，第62页。

46 （波兰）爱德华·卡伊丹斯基著，张振辉译：《中国的使臣：卜弥格》，大象出版社，2001年，第181页。

47 王冰：《勤敏之士——南怀仁》，科学出版社，2000年，第95—96页。

48 方豪：《中西交通史》，岳麓书社，1987年，第756页。

49（法）费赖之著，冯承钧译：《在华耶稣会士列传及书目》上册，中华书局，1995年，第258页。

50 郑德弟等译：《耶稣会士中国书简集》第二卷，大象出版社，2005年，第211页。

51 黄一农：《天主教徒孙元化与明末传华的西洋火炮》，台北中央研究院历史语言研究所集刊第67本，1986年，第4页。

52（美）魏若望：《传教士·科学家·工程师·外交家：南怀仁》，社会科学文献出版社，2001年，第255—256页。

53 本节写作主要参考了汤开建《清朝前期西洋钟表的仿制与生产》论文抽样稿，在此表示感谢。

54《康熙朝汉文朱批奏折汇编》第八册。

55 陶亚兵：《明清间的中西音乐交流》，东方出版社，2001年，第48页。

56 陈垣整理：《康熙与罗马使节关系文书》。

57 陶亚兵：《明清间的中西音乐交流》，东方出版社，2001年，第41—42页。

58 杨乃济：《乾隆朝的宫廷西洋乐队》，《紫禁城》1984年4期。

59 顾启元：《客座赘语》卷六。

60（英）苏立文著，陈瑞林译：《东西方美术交流》，江苏美术出版社，1998年，第48页。

61 莫小也：《十七至十八世纪传教士与西画东渐》，中国美术学院出版社，2000年，第122—123页。

62 郑德弟等译：《耶稣会士中国书简集》第二卷，大象出版社，2005年，第2页。

63（意）马国贤著，李天刚译：《清廷十三年》，上海古籍出版社，2004年，第48页。

64 杨伯达：《清代院画》，紫禁城出版社，1993年，第170—171页。

65 莫小也：《十七至十八世纪传教士与西画东渐》，中国美术学院出版社，2000年，第260页。

66（德）魏特著，杨丙辰译：《汤若望传》上册，商务印书馆，1949年，第250页。

67 郑德弟等译：《耶稣会士中国书简集》第二卷，大象出版社，2005年，第35—36页。

68 何俊：《西学与晚明思想的裂变》，上海人民出版社，1998年，第274页。

69《徐光启集》下册，上海人民出版社，1986年，第432—433页。

70 林中泽：《晚明中西性伦理的相遇》，广东教育出版社，2003年，第162页。

71 戈宝权：《中外文学因缘》，北京出版社，1992年，第391—400页。

72 张凯：《庞迪我与中国》，北京图书馆出版社，1997年，第426页。

73 李奭学：《中国晚明与欧洲文学》，台湾联经出版公司，2005年，第118页。

74（意）利玛窦：《中国传教史》，台湾光启社，1986年，第23页。

75 陈卫平：《第一页与胚胎——明清之际的中西文化比较》，上海人民出版社，1992年，第224页。

76《圣教破邪集》卷五。

77 杨廷筠：《代疑篇》，《天主教东传文献》第1册，台湾学生书局，1966年，第567页。

78（葡）曾德昭著、何高济译：《大中国志》，上海古籍出版社，1999年，第59—60页。

79（日）石田幸之助著、张宏英译：《中西文化之交流》，商务印书馆，1930年，第96页。

80 张岱年：《中国哲学大纲》，中国社会科学出版社，1982年，第20页。

81（美）龙伯格：《理学在欧洲的传播过程》，《中国史动态》1988年第7期。

82（英）C.R.博克舍编注，何高济译：《十六世纪中国南部行记》，中华书局，1990年，第185页。

83（英）赫德逊著，王遵仲等译：《欧洲与中国》，中华书局，1995年，第219-220页。

84 杜文凯：《清代西人见闻录》，中国人民大学出版社，1983年，第1—69页。

85 许明龙：《欧洲18世纪"中国热"》，山西教育出版社，1999年，第117页。

86（英）C.R.博克舍编注，何高济译：《十六世纪中国南部行记》，中华书局，1990年，第161—162页。

87（法）艾田浦：《中国之欧洲》，河南人民出版社，1994年，第396页。

88（法）艾田浦：《中国之欧洲》，河南人民出版社，1994年，第136页。

89《利玛窦全集》，台湾光启出版社，1986年，第17—18页。

90 潘吉星：《中外科学之交流》，香港中文大学出版社，1993年，第489页。

91 韩琦：《中国科学技术的西传及其影响》，河北人民出版社，1999年，第20页。

92（法）费赖之著，冯承钧译：《在华耶稣会士列传及书目》下册，中华书局，1995年，第695页。

93（法）伏尔泰：《风俗论》上册，商务印书馆，1996年，第207页。

94 韩琦：《中国科学技术的西传反其影响》，河北人民出版社，1999年，第82-92页。

95（英）李约瑟：《中国科学技术史》第4卷天学第2分册，科学出版社，1975年，第643-656页。

96 陈炎：《海上丝绸之路与中外文化交流》，北京大学出版社，1996年，第192页。

97 李金明、廖大珂：《中国古代海外贸易史》，广西人民出版社，1995年，第338页。

98（荷）包乐史：《中荷交往史》，荷兰路口店出版社，1989年，第90页。

99（荷）包乐史：《中荷交往史》，荷兰路口店出版社，1989年，第90页。

100（法）艾田浦：《中国之欧洲》，河南人民出版社1994年，第55页。

101（荷）包乐史：《中荷交往史》，荷兰路口店出版社，1989年，第98页。

102 许明龙：《欧洲18世纪"中国热"》，山西教育出版社，1999年，第123页。

103（法）艾田浦：《中国之欧洲》，河南人民出版社，1994年，第53页。

104（法）王致诚：《中国皇帝的游宫写照》，转引自罗茂、冯棠、孟华《法国文化史》，北京大学出版社，1997年。

105 方豪：《中西交通史》下册，岳麓书社，1987年，第1068页。

106 李明：《瑞典"中国宫"的形成及其风格》，《国际汉学》第10期，第156页。

107 罗芃、冯棠、孟华：《法国文化史》，北京大学出版社，1997年，第445页。

108 范存忠：《中国文化在启蒙时期的英国》，上海外语教育出版社，1991年，第77-78页。

109 卫茂平：《中国对德国文学影响史述》，上海外语教育出版社，1996年，第9页。

110（德）利奇温著，朱杰勤译：《十八世纪中国与欧洲文化的接触》，商务印书馆，1962年，第86页。